带你去看

大唐朝

蔡万刚 —— 编著

中国商业出版社

图书在版编目（CIP）数据

带你去看大唐朝 / 蔡万刚编著． —北京：中国商业出版社，2021.12
ISBN 978-7-5208-1447-8

Ⅰ.①带… Ⅱ.①蔡… Ⅲ.①中国历史–唐代–青少年读物 Ⅳ.① K242.09

中国版本图书馆 CIP 数据核字（2020）第 248012 号

责任编辑：陈皓 常松

中国商业出版社出版发行
010-63180647 www.c-cbook.com
（100053 北京广安门内报国寺 1 号）
新华书店经销
三河市华润印刷有限公司印刷
*
710 毫米 ×1000 毫米 16 开 13.75 印张 150 千字
2021 年 12 月第 1 版 2021 年 12 月第 1 次印刷
定价：48.00 元

* * *

（如有印装质量问题可更换）

前　言

如果提起中国古代，那么唐朝应该是当时世界上最先进的国家。经济发达，文化繁荣，人民生活安定，作为华夏儿女，炎黄子孙，无不为之神往，为之自豪。

唐朝时期，科技、文化、经济、艺术呈现多元化发展，并在诗词、书法、绘画等领域涌现出大量名家；外交方面也取得空前成就，声誉远扬海外，与亚欧国家均有往来。

唐朝社会的开放风气反映在社会生活的方方面面。例如，唐朝统治者奉行亲民政策，使平等待人、尊重弱者成为一种社会风尚。

唐朝的年轻人也充满了富足的生活气息，不乏惬意和享受：比如下午的时候吃一口鲜嫩多汁的樱桃酪，再动手配上一杯香茗……不仅如此，节假日和朋友结伴旅行，夜游江湖，也是他们日常的休闲娱乐生活。另外，他们还能学习外语，发生跨国婚姻的可能性也不小。

除此之外，想必大家还想知道唐朝的行政区划是怎样的？唐朝为什么会以胖为美？唐朝都有哪些娱乐项目？唐人在日常生活中是如何交流的？盛唐的社会风气如何？唐人穿着最时髦的唐代服饰走在熙熙攘攘的街上会发生什么样的故事？诸如此类。

作为对正史的补充，本书主要从唐朝的衣食住行、娱乐消遣、商业经济、对外交流、教育医疗、社会保障等方面入手，在基于史实的基础上，采用较为诙谐幽默的语言，捕捉唐朝人们生活的细节，从而展示出一个真实有趣的唐朝。笔者认为，相对专业书籍而言，本书更浅显易懂，并有一定的阅读趣味，希望读者能够细细领会。接下来，就让我们一起领略大唐盛世。

目　录

第一章　盛世大唐朝

1. 唐朝的行政区划与人口分布　　002
2. 唐朝的官话与方言　　006
3. 唐朝的首都——长安　　010
4. 唐朝的开放风气　　014
5. 唐朝的强盛国力　　018

第二章　唐朝的时尚

1. 唐朝以胖为美　　024
2. 从袒胸装到女扮男装　　028
3. 唐朝女子的妆容与发髻　　032
4. 唐朝的皇室服装　　038
5. 唐朝的精美佩饰　　042

第三章　唐朝的美食

1. 唐朝的"下午茶"　　048
2. 唐朝的皇家宴席　　053

    3. 唐朝普通人的一日三餐　　　　　　　　　　057

    4. 唐朝的奇妙甜品　　　　　　　　　　　　　061

    5. 唐朝的酒文化　　　　　　　　　　　　　　065

第四章　享誉盛名的大唐建筑

    1. 富丽堂皇的大明宫　　　　　　　　　　　　072

    2. 唐风建筑对日本的影响　　　　　　　　　　076

    3. 长安城的佛教寺院　　　　　　　　　　　　080

    4. 史无前例的大唐园林　　　　　　　　　　　084

    5. 大唐百姓的生活起居　　　　　　　　　　　088

第五章　唐朝的外出旅行

    1. 唐朝的旅馆酒店　　　　　　　　　　　　　094

    2. 唐朝人的出游　　　　　　　　　　　　　　098

    3. 唐朝出行必备的交通工具　　　　　　　　　102

第六章　唐朝的娱乐活动

    1. 唐朝的马球运动　　　　　　　　　　　　　108

    2. 唐朝的"足球时尚"　　　　　　　　　　　111

    3. 唐朝女性的专属娱乐　　　　　　　　　　　115

    4. 震天动地的千人拔河　　　　　　　　　　　119

    5. 唐朝也流行养宠物　　　　　　　　　　　　122

第七章　唐朝的经济

    1. 唐朝的钱币　　　　　　　　　　　　　　　126

目录

    2. 唐朝官员如何工作   129
    3. 唐朝的国际贸易   133
    4. 传到国外的中国茶   137
    5. 唐朝的"快递"业   140

第八章　唐朝的医疗和教育

    1. 唐朝的医疗   144
    2. 唐朝的科举   147

第九章　唐朝的节庆盛典

    1. 唐朝的"春节"   152
    2. 唐朝的中秋节   155
    3. 唐朝的端午节   157
    4. 唐朝的元宵节   160

第十章　唐朝的对外交流

    1. 长安城里的外国人   164
    2. 玄奘天竺取经   167
    3. 鉴真东渡之旅   171

第十一章　唐朝的社会保障

    1. 唐律，中国古代最早最完备的法典   176
    2. 唐朝时的武器装备   181
    3. 唐朝时的养老政策   184
    4. 大中之治，短暂的繁荣局面   186

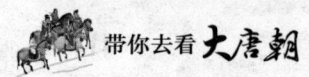

第十二章　唐朝杂记

1. 唐朝最早的"报纸" … 190
2. 唐朝的士人入幕 … 194
3. 唐朝冷兵器——陌刀 … 198
4. 一个真实的狄仁杰 … 202
5. 唐朝的忌讳 … 205
6. 唐朝的圣旨 … 209

第一章

盛世大唐朝

唐朝的疆域、人口以及开放的社会风气无不彰显着其国力的强盛。繁华的大唐首都长安城更是成为世界历史上璀璨文明中的一朵奇葩。

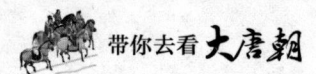

1. 唐朝的行政区划与人口分布

众所周知，大唐幅员辽阔，民族众多。皇帝想要牢牢把控地方政权，就要加强中央对地方的控制，划分合理的行政区划以巩固自己的统治。唐朝地方的行政管理制度在中国历代行政区划沿革中占着比较重要的地位，并且在较长的时间内都采用了"道州县"三级制。

唐高祖李渊登基后，在618年改郡为州，沿袭了隋朝的制度，地方上实行以州领县制。根据《旧唐书地理志》的记载，唐太宗李世民在位的贞观十三年（639年），全国共有385个州，1551个县，然而"州县"制度随着唐皇帝的更迭而经常变动。742年，唐玄宗李隆基改州为郡；758年，唐肃宗李亨复郡为州。因此，在唐朝的前期，州、郡这两个名称经常交替使用。

但是，州领县制不足以满足统治者的需求。那时全国上下州的数目多且辖地小，人口仅仅几万至十几万，非常影响地方建设，也给中央管理带来了麻烦，因此统治者想出了全新的解决办法，那就是两级制向三级制转化，在州之上划分了一个全新的行政区划，减少中央直统地方行政机构过多的弊端，从而促使"道"应运而生。

第一章 盛世大唐朝

627年，统治者为整治地方行政区划，根据山川自然形势，将全国分为十个道。分别为：关内道、河南道、河东道、河北道、淮南道、江南道、山南道、剑南道、岭南道、陇右道。政区单位"道"的设置，是我国疆域史上的新创举，影响了之后的宋朝，并成为"路"的原形。起初，道的设立也仅是一种地理区划名称，并不设立长官和机构，和地方行政无关。到了758年，唐肃宗改采访处置使为观察处置使，并兼理民政，道遂正式成为一级行政区划，且十道也改为十五道。

值得一提的是，道与方镇的关系。关于方镇《新唐书·兵志》有云："夫所谓方镇者，节度使之兵也。"即节度使所辖区域称为方镇，因此方镇其实相当于我们现在的军区。安史之乱后，全国分为四十余道，此时的方镇节度使位高权重，行政区划的道便形同虚设了。

接着，再来看看唐朝的州与府。道下辖府、州，设立依据是地理位置、辖区重要程度以及人口分布情况，府与州成为并列的行政单位。综观唐代诸府大致可分为三类：第一类是京都府和行在府。唐玄宗为提高京都、陪都所在地的地位，升国都所在地雍州为京兆府，升陪都洛州为河南府。此举改州为府，与州同级，地位高于州。第二类是都督府。唐玄宗在国内重要地区置都督府，这是从军事性质很浓的总管府转化而来，多掌本府军务，但纳入地方行政区划系统，地位高于州。直到711年唐都督府废置。第三类是都护府，唐玄宗在周边少数民族地区设置都护府。安史之乱后周边民族分裂势力高涨，都护府逐渐废置。

除了府之外，州分为上、中、下三等，基于人口数量以户数定级别。3万户以上为上州，3万户以下、2万户以上为中州，2万户以下为

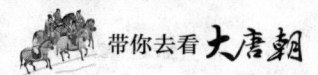

下州。州设置刺史,掌管全州政务。特别要提出的是唐朝为方便统治少数民族而专门设立了羁縻府州,按照部落的大小,大者为府,小者为州,先后设立了上百个,直到中唐以后逐渐废置。

唐朝县城也是分三等,同样是基于人口来划分的,5000户以上为上县,5000户以下、2000户以上为中县,2000户以下为下县。每个县分别设有县令,掌管全县政务。据统计,大唐共有1500多个县城。

唐朝鼎盛时期,国土面积达1300多万平方公里,户口最多时即755年达到890多万户,5290多万人口。其地方行政区划较前各朝代也较为复杂,其中很明显的特征是行政区划是以人口来划分的。隋末唐初的战乱导致全国人口锐减,至唐高祖武德年间仅200余万户,唐高祖登基后实行休养生息政策,人口数量才逐步开始增长。

唐太宗贞观十三年,户数恢复至304万,人口达1235万,又获塞外归附人口120余万;唐高宗永徽三年(652年),全国有户380万;武则天神龙元年(705年),全国户数615万,约达3714万人;唐玄宗天宝十三年(754年),户数达960余万,人口数达5280余万,为官方户口统计的峰值。安史之乱是唐朝人口变化的重要分水岭。在安史之乱前,唐朝人口数量呈现不断增长的态势,而安史之乱后,人口数量便不断减少。

到760年,整个大唐王朝的户数已经不足200万,和天宝十三年的961万户比较起来差距甚大。据《通典》记载:"大唐贞观,户不满二百万。""开元二十年,户七百八十六万。"由此可知,唐朝户数、人口总数呈现波浪式的变化态势。到了764年,全国人口至少有4600万到4700万,晚唐人口峰值达6000万左右。

第一章　盛世大唐朝

现代学者们普遍认为唐朝的人口峰值出现在唐玄宗天宝十三年至十四年（754—755年），因考虑到佃农、隐户、奴仆、士兵、僧道、外族等不纳入户口统计人群的存在。如果依照这样的思路去考虑大唐的人口，那么现代学者陈旭麓提出唐朝人口峰值是9254万；日本学者日野开三郎更认为唐朝人口最高峰时达1.4亿，这些说法都有其合理性，在那个与外来人口交流频繁的年代，大唐人口只多不少。

综观大唐人口与行政区划，二者之间必然有着深层次的联系，然而唐朝的实际统治情况更加复杂，由于对外交流、民族往来、文化习俗、政治政策、经济发展水平等一系列因素的共同作用才成就了当时的大唐。我国现代的行政区划划分系统更加科学，但总体上还是以前朝的历史为鉴发展而成。

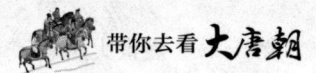

2. 唐朝的官话与方言

　　大唐全盛时期的疆域辽阔，民族众多，若是每个地区的语言都不统一，想必将会产生一系列问题。举个例子，武则天是山西人，杨贵妃来自四川，贺知章在江南长大。别说古代了，就是在现代，东西南北彼此的口音都有着非常大的差异。为了实现全国各地更好地交流，现代人发展了普通话，就是现代标准汉语，它是以北京语音为标准音，以北方话为基础方言，以典范的现代白话文著作为语法规范而设定的。那么，唐朝呢？在没有现代通信技术手段的唐朝，天南海北的人凑到一起，很可能会因为口音问题而闹出不少笑话。所以作为一个大一统的国家，各地人想要相互沟通交流，学习"普通话"是必不可少的。

　　唐朝的"普通话"是什么样的呢？很多人觉得既然现代普通话是以首都的北京话为基础发展出来的，那么唐朝普通话，大概也就跟首都长安的本地方言差不太多吧？其实大错特错。当时标准的唐朝长安语音叫作"关中秦音"，这种关中秦音虽然和现代普通话比较接近，但是在唐朝就算是"首都本地土话"，普通劳动人民日常交流就使用这种"秦音"。然而到了正式场合，例如官场上通行的"普通话"就完全不是这回事了，确切点说叫"官话"，也叫"正音"。假如操着一口乡土气息的方言和一群官员在朝廷讨论政务会有以下的效果：

官员甲："最近由于天气灾害饥民增多，我建议鼓励街坊邻居拿出自己的余粮，救济饥民。"

官员乙："这是可以采纳的好办法，以民为本，这是顺应天子的号召。"

官员丙："我认为从今年的收入数据来看，务农人口有所增加，赋税是否可以适当减轻，减少徭役，有助于稳定社会发展。"

官员丁："对头，我们那旮旯今年人儿都可使劲儿地干活，村儿里发展良好哩！"

全员参会官员："……"

皇帝："乖臣子，你可弄啥呢？"

当然如果经过学习，熟练地掌握了"关中秦音"，那么混在东西市买买东西，了解一下乡亲们的日常生活还是没有任何问题的。

既然如此，唐朝的"官话"到底是以什么地方的语音为准呢？严格地说，它跟当时任何一个地方的方言都不大一样。用一句话概括就是："以隋代陆法言编写的南朝江左吴音之中的金陵音《切韵》音系归并方式为科举考试之分韵标准，以唐代关中秦音之长安音的《韵英》《韵诠》《考声切韵》音系为实际语音交流标准。"也就是说唐朝的普通话不是首都长安的本地语言，而是由陆法言等学者参考南北语言，确定的一套"复古风汉晋洛阳音"，并记录在《切韵》这本书里。法国巴黎国家图书馆藏的敦煌唐《切韵》残本可以作为一个很好

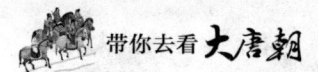

的佐证,值得注意的是,"平""上""去""入"是中国古代的四声,跟现代汉语的四声并不完全相对应。

唐朝李涪也说过:"凡中华音切,莫过东都,盖居天地之中,禀气特正。"可见当时唐朝人对中原及洛阳的认可程度。得到现在大多数学者公认的是:《切韵》就是理想中的汉晋洛阳语发音。但事实上,当时没有录音、录像设备记录唐朝人的语言,跟历史上真实的汉晋洛阳语到底在多大程度上相符,那真是谁也说不准。更何况,从古到今的语言系统都是在不断发展变化的,洛阳语经过300多年的发展,也会是另一番面貌了。随着《切韵》成书后,很快便得到天下文人士子的普遍认同,以及官方机构的承认。最晚到唐贞观年间,官府的教育机构已经拿着《切韵》作为科举考试用书,要求全国各地学生写文作诗的时候都以《切韵》为准。

再往后,《切韵》音系也随着时间流逝而不断地发展变化,历朝都有增补修删。然而宋、元、明、清各朝官方都承认这一系的语音才是读书作诗的"正韵",所以它也深刻地影响着百姓生活以及中华文化的传承。直到近代白话文兴起,文言文读书音才日渐淡出了我们的生活。

大唐的方言又都有哪些呢?唐朝初期,民众才开始普遍区分南北方言的概念。经过南北朝、隋、唐的长期发展,北方汉语进一步融合,北方话作为大方言区才开始逐步形成;同时,以吴音为代表的南方话也逐渐形成。唐宋时期,以洛阳音为标准的北音被视为正音,吴音仍受到北方文人的轻视。《老学庵笔记》卷六:"中原惟洛阳得天地之中,语音最正。"在这个时期,人们感到南北方言有很大差异。

那么为什么南北方语言会产生这么大的差异呢?首先,由于疆域的日益扩大、人口的日益增加、经常有封建割据等原因,各个地区之间的联系和交流也受到一定的限制。这样,处在不断发展变化状态中的语言,也就各自相对独立地演变着,不易获得变化的一致性。时间长了,就使得各个地区的语言产生了差异,形成具有区域特点的方言。尤其像唐朝这样疆域广阔的朝代,是一定会出现多种方言的。其次,在历史发展的过程中,由于社会动荡和战乱所迫,发生过多次的人口大迁移,也是方言形成的一个原因。最后,还有一个语言学方面的因素,那就是文白异读。文白异读是汉语方言中一种特有的现象,一些汉字在方言中有两种读音,一种是读书识字所使用的语音,称为文读;另一种是平时说话时所使用的语音,称为白读。在中国地区,吴语、闽语的文白异读现象是最为纷繁复杂的。

因此在唐朝,从北到南,语言一定是完全不一样的。从融合了北方胡音的洛阳音到江南保留了上古音的吴语,每个地方的方言都伴随当地生活的习惯,所以推广普通话是十分重要的,当然方言也是民族文化的传承,是我们中华文明的印记。

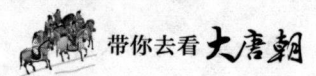

3. 唐朝的首都——长安

在古代，首都是最能展现皇家风范以及彰显国貌的地方，是民族精魂的凝聚。当时世界上有一定规模的首都是君士坦丁堡和巴格达。前者是拜占庭帝国的首都，它是连接东西方的一个枢纽；后者则是当时气势如虹的阿拉伯帝国的中心。但是如果把这两个都城加起来，不管是面积还是人口，还不到大唐首都长安的一半，可见大唐首都长安当时在世界文明中的地位。

当时的长安有108坊，也有学者认为是110坊。正是这些规矩整齐划分的坊，组成了长安城。长安到底有多大呢？对比今天的西安，大致是三环内所有的区域皆为长安，周长可达35.56公里，面积约87.27平方公里。长安城规模宏伟，布局严谨，结构对称，排列整齐。外城四面各有3个城门，贯通12座城门的6条大街是全城的交通干道，而纵贯南北的朱雀大街则是中轴线，把长安城分成了东西对称的两部分，分属万年、长安两县管辖。外郭城的全部区域被分为若干坊，坊是城市居民的集中居住区。据考证，朱雀大街宽155米，比法国巴黎的香榭丽舍大街还要宽30多米。街道两边都安置了下水道，下水道边上种了榆

第一章　盛世大唐朝

树和槐树，边上还有1米多宽的人行道。

此外，皇城位于长安城的正北，皇帝及其家眷住在城市北部的宫城内；宫城不对公众开放，而城内其他地方都是开放的，百姓居民区则集中在南部。城市中的人口可能达到100万，其中约50万住在城墙之内，相等数量的人住在城墙之外。对比罗马的人口数，其人口已经不足5万，即使罗马还没有衰落的时候，它在面积上也只有长安的1/7。长安城内南北有11条大街，东西有14条大街，把居民住宅区划分成整整齐齐的108坊，其形状近似一个围棋盘。其中108坊有大有小，小一点的大概有0.6平方公里×0.8平方公里，大一点的大致是1.2平方公里×0.8平方公里至1.0平方公里。这些大小不一的里坊其实也相当于现在的一个个街区或者社区，每个坊周围用土墙围起，叫作坊墙，坊墙上有门。

建立坊是出于治安目的。官府为每个坊都编了籍，他们以此为依据收税征兵。坊与坊之间有坊墙相隔，坊门依宵禁令规定启合，地方官维护着一套复杂的用钟鼓报时的系统，当时还有专门管理坊门晨启暮合时间顺序的规定。当暮鼓响起时，所有的坊门都紧闭上锁，没有人可以外出上街，街上有骑马的士兵巡逻，不过每天坊门关闭后，坊内还是可以自由活动的。除了东市、西市这样的大型购物市场外，坊内有自己的配套设施，保证其正常运转。每年正月十五全城解禁联欢，此时人们便可以打灯笼走街串巷了。

东市、西市相当于大唐长安城最大的经济活动中心，占地面积为两坊，位于朱雀大街东西的第三条街，面积约为1.0平方公里。东西市也是周围筑墙，方形的四面每面都设有一道门，内里为井字形的

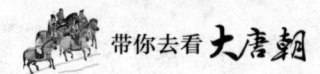

街道，将里面分为九个区域，每个区域都是临街而设商铺。因为是经济活动中心的缘故，东市里面的住户主要是商户，还设有邸、店、肆、铺、行等。这些店铺的名字也很有意思，显而易见，卖什么就叫什么。比如，茶肆、酒肆；也有珠宝店、瓷器店、帛行、药行、铁行等；波斯人做买卖的地方叫作波斯邸；除此以外还有和现代社会非常相似的旅馆、钱柜、木头市、骡马市；还有买卖劳动力以及买卖奴婢的市场，据统计共有二百二十行之多；西市则有手工业作坊、杂耍艺人、善射人等。东西两市周围、城门四周以及大明宫前的坊市都是热闹非凡，人头攒动。一般坊内有巷，巷内有曲，四通八达，店面商铺遍布街曲，也有推着小车的商贩在街头卖力叫卖，好不热闹。因为有宵禁的缘故，要等到天亮的时候，街鼓敲响三百声之后，坊市开始，商业活动才正常进行。市吏主掌管度量器衡、财货交易，和现代是一样的，若有虚报斤两、抬高物价之人，会受到处罚。

街市和商业区也经常会举行宣市活动，如贞观年间的迎经像和咸通年间的迎佛骨，有天街的祈雨活动，还有贵族平民的娶亲迎亲，也能看见白事的送葬车，甚至能看到罪犯游街示众，穿过东西两市最终到达长安城西南独柳处问斩。长安城是历来最大的商业都会，是丝绸之路的起点，西市可以通往西域、波斯、中亚、欧洲，因此这里聚集了不少外国的商贩以及西方的珍奇宝贝。东起日本，西至罗马，南到印度，各国使者可以通过丝绸之路抵达长安，彼时的长安是世界文明的中心，文化交流和商业贸易在此络绎不绝，长安城中也有专门的寺庙用来接待外国使者。中国的茶叶、丝绸、瓷器通过丝绸之路运往世界各国，其他国家的特产也迅速来到长安城。在长安城里，见到各种各样穿着奇装异服的外国人，听见不同国家的语言，看到稀奇古怪的进口货，也是非常平常的事。除此以外，通过长安扩大影响的还有佛教，玄奘自贞观三年（629年）从长安城出发，至贞观十九年（648年）西行取经归来，唐太宗亲自去洛阳迎接玄奘，并在长安城修建大雁塔藏经。纵看大唐长安地图，寺观林立，著名的有大慈恩寺、大兴善寺等。在盛唐时代，文化交融，儒释道并行，足以说明唐朝的包容性。

除商业、佛教和各类学术方面长安城都有所成就之外，唐朝在文学艺术上更是造诣深厚，有2000多名诗人，还有5万多首诗歌流传至今，其中不乏脍炙人口的作品，正是这些诗歌成为唐朝社会的见证，也为长安这座城的历史源远流长做了铺垫。

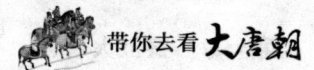

4. 唐朝的开放风气

一提到开放的盛唐风气，就要从公元7世纪开始说起，那时的大唐以前所未有的气魄迅速崛起，长安不仅仅是国际化大都市，也是人类文明的代表。唐朝社会也有着封建王朝中难得的开放性，这种开放性体现在唐朝当时对内和对外的开放政策上。对内的开放主要表现在女性地位的提升和开明的民族政策；对外的开放则主要体现在对商业发展和文化交流的重视上。

首先要提及的就是女性地位的崛起。历史学家宁欣在《唐代妇女的社会经济活动》中指出，与其他朝代相比，唐代女性的社会地位是比较高的，她们有更多的社会活动空间和自由，在社会经济活动中也更为活跃。在女性也能当皇帝的时代，唐朝的女性采取了一系列挑战传统和男权的行动。在大唐能够看到一些女性穿男装、打马球，崇尚和追逐各种外来的风尚。服饰上面，袒露装成为一种时尚，女性不但将脖颈彻底暴露，而且连胸部也处于半掩半露的状态。但是这里要注意了，这样的穿着只限于贵族女性，普通百姓家的闺女穿着相对还是保守的。女性不光可以以才艺抛头露面，也可以参政议政。尤其是在

第一章　盛世大唐朝

武则天当政以后，女性参政的例子更多。而这些女性在政治上的杰出表现，不仅促进了当时的社会发展，更提高了女性的社会地位。

对于婚姻爱情和性的自由度，唐朝的开放风气也是中国封建王朝中绝无仅有的。就从皇室的婚姻来看，武则天一开始是李世民的才人，李世民死后又成为他儿子李治的妃子；杨玉环一开始是寿王李瑁的妃子，后来才成为唐明皇的贵妃。在唐朝肃宗以前的公主中，再嫁的就有23人，三嫁的有4人。从这里可以看出唐朝社会的统治阶级对于女性的自由权有着开放的态度。除了皇室，当时的上流社会对女性婚姻也抱有宽容的态度。韩愈的女儿嫁了两次，严挺之的妻子离婚后嫁给了当时的刺史王琰，韦济的妻子在他死后又做了王缙的妾室。当时的官宦世家也对女性的婚姻自由抱着开明的态度。

唐朝民间的女性地位的提高离不开法律的作用。《唐律》中对于妇女离婚改嫁和夫死再嫁没有约束和限制，这就从法律上为婚姻的相对自由创造了一定的条件。另外，唐朝女性在家庭生活中拥有一定的法定继承权，女性可以单独为户主，具有较为独立的经济地位。除此以外，唐朝更普及文化教育，在这样的社会氛围下，女性也能够习文读书、接受教育，这为她们冲出封建礼教的禁锢提供了非常重要的条件，同时也是盛唐开放风气的一种表现，当时女性抛头露面并不会成为一件被人诟病的事情。能给社会带来美感、乐趣的女性，比如歌姬、舞女等是受到肯定的；能够挥笔作诗的女才子也是受到尊崇的。唐朝的妇女们经常外出，男女同席共饮也是十分常见的事情。

大唐开放的社会风气还体现在民族政策上。据考证，唐朝三百多年的历史，至少任用了23名胡人宰相，除了西边的大胡子，东边的日

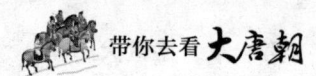

本人也是唐朝官场的一道风景，日本向唐朝派出了19批遣唐使，不少人来到大唐学习各种文化知识，然后参加科举考试，其中著名的人物就有阿倍仲麻吕，他不仅仅成绩优异，进士及第，还当上了"大唐国家图书馆馆长"。

那时大唐长安街头的外国人非常多，数量占总人口的2%。单单留学生就有3万多名，而且留学生也能参加科举考试，考上了就能做官，确实也有不少留学生在中国做官，更难得的是，朝廷对他们非常重视。其中有一位波斯人叫作"阿罗喊"，居然被唐王朝派遣到拜占庭帝国做大使。可见大唐对于外来民族的宽容程度。

值得一提的是，在后来出土的大唐雕塑中，总有各种奇怪面相的外国人，其中有一种人特别瞩目，那就是昆仑奴。他们当中有肤色较浅的，也有肤色较深的，有些来自东南亚，有些则来自非洲。总之是阿拉伯人把他们带到了大唐。

从女子的名字中，也可以感受到外来文化的影响。大唐金仙公主的名字就是李无上道。隋朝大臣杨达的孙女，她的名字就叫作杨无量寿。可见当时的开放风气已经影响到本土居民。

此外，开放风气的代表还有大唐的宗教。当时的长安城，儒、释、道三大宗教并行，没有出现排挤现象。大唐皇帝还曾动用国库资金支援国内僧人去印度研习佛学，还有比较小众的宗教传入。

唐朝时期，大到商贸，小至饮食都受到外来文化的影响，可以看得出当时人们对于外族的包容，侧面也承认了大唐的开放与先进。譬如毕罗、胡饼等深受大唐人民的喜爱。毕罗就相当于今天的咸味八宝饭，由米饭、肉或者蔬菜拌在一起煮成；胡饼类似于烧饼，分有馅料和无馅料两种，撒上芝麻叶成为胡麻饼。最早的葡萄酒酿造技术是在唐初由西域传入大唐的，在唐太宗时能够酿出八种色泽的葡萄酒。此外还有波斯的三勒浆酒和龙膏酒。

文化方面，唐朝基本没有文字狱。连宋人也承认唐朝"略无文禁"。宋代洪迈的《容斋随笔》中写道："唐人诗歌，其于先世及时事，直辞咏寄，略无避隐。至宫禁嬖昵，非外间所应知者，皆反复极言，而上之人亦不以为罪。"这一点就非常厉害了，诗歌、文字传颂历朝历代皆有所避讳，唯独大唐比较开明。

到了唐朝中后期，宵禁制被打破，开始出现夜市。也就是说，在唐朝的中后期，可以在晚上喝小酒、吃胡饼、逛逛夜市，度过一个美好的夜晚。

大唐的开放风气是上至统治阶级，下至平民百姓的，体现在政治、经济、文化、对外贸易、日常生活等方方面面。

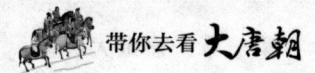

5. 唐朝的强盛国力

大唐,作为中华民族的骄傲,共持续289年,历经21位皇帝的统治,在文化、政治、经济、外交等方面都有辉煌璀璨的成就,是当时世界上最强大的国家。繁花似锦的大唐,是无数人魂牵梦萦的时代,我们沿着历史的脉络,一探这个闪耀王朝的究竟。

威尔杜兰在《世界文明史》中说:"唐朝是最强大、最文明、最进步的。"斯塔夫里阿诺斯在《全球通史》提道:"唐朝被中国和西方许多历史学家称为最辉煌的朝代。"皮特·N.斯特恩斯在《全球文明史(第三版)》中写道:"从市场化程度、海外贸易的数量、平均面积产量及其手工业工具和技术的复杂程度方面看,中国经济成为世界上最先进的,是从唐朝开始。"这是一部分外国学者在研究全球文明的发展史过程中提到的对中国大唐的评价,除此以外,还有很多实例能够佐证大唐的影响力。

唐朝对外的巨大影响,导致后来到了宋代时,"唐"已经成了东南海外诸国对中国的代称。宋、元至明,外国将中国或与中国有关的事物称之为"唐"。不仅以"唐"作为"中国"之地的代称,而且称中国人为"唐人";海外的华人也称自己为"唐人",他们聚居的地方便称为"唐人街",唐人街最早是叫"大唐街"。1673年,纳兰性德在《渌水亭杂识》中写道:"日本,唐时始有人往彼,而居留者谓之'大唐街',今且长十里矣。"1875年,张德彝在《欧美环游记》中称唐人街为"唐人城",英语中称唐人街为"Chinatown"。这些与大唐密不可分的称谓一直延续使用到今天。

大唐疆域广阔,而且人口就占了当时世界人口的四分之一。在《资治通鉴》里,司马光说:"(天宝元年)是时,天下声教所被之州三百三十一,羁縻之州八百。"声教所被之州,可通俗理解为华夏文化区,羁縻之州则是为控制周边少数民族而设的州。

天宝年间,唐朝将天下划分为十道,其中有一道名为关内道。听这个名字,有人可能以为关内道就是今天陕西的关中地区,但是唐朝的关内道大概有这些地方(含羁縻州、都督府、都护府辖地):泾州(今陕西泾阳)、灵州(今宁夏灵武)、龟林都督府(羁縻州,今蒙古克鲁伦河流域)、坚昆都督府(今俄罗斯叶尼塞河上游)。也就是说,从今天的陕西关中到俄罗斯贝加尔湖的那一大片地方,都被唐朝看作"关内"的土地,除此以外还有其余九道,所以可以感受一下唐朝疆域之大。

661年,唐朝在波斯疾陵城(伊朗扎博勒)设立波斯都督府,任命波斯王子俾路斯为都督,名义上统辖当时刚被大食(阿拉伯帝国)灭亡的萨珊波斯,帮助其抵抗和复国。虽然大唐并没有实际统治过波斯,但这件事证明了唐朝势力范围已经扩展到整个中亚。李白也在诗中写过"洗兵条支海上波",也就是唐朝军队在条支海战斗过,所谓条支海，就是今天的波斯湾。在这么广阔的土地上，到处散布着唐朝的羁縻州和藩属国，商旅、使者和军队可以畅通无阻，让人不得不惊叹唐朝的影响力已经弥足深远。

这么大的疆域不免招来外族人的觊觎。得天独厚的资源遭到觊觎怎么办？大唐尚武，武力解决了大部分民族纷争。唐太宗就曾说："今中国强，戎狄弱，以我徒兵一千，可击胡骑数万。"所有侵略者从突厥到薛延陀，从吐谷浑到高昌，从高句丽到百济，从中天竺到小勃律，从吐蕃到南诏，从突骑施到回鹘，三十余国，全部被驱逐扫灭。从三国内战、五胡乱华到隋末胡尘，无一彻底翻转，直到唐太宗废墟仗剑，六师尽出，全部扫灭。最终大唐"东综日本海，北逾西伯利亚，西被底格里斯河，南极印度及海洋洲，唐人威声，远播域外，汉族势力，震古烁今"。

汉朝文景之治，唐朝贞观之治、开元盛世，属于古代各王朝阶段里百姓生活比较安稳、物质收入丰富的时期。唐贞观、开元年间百姓生活比较富饶，天宝年间虽然不如开元年间，但是比中国古代其他时期要好很多。宋朝王安石说："汝生不及贞观中，斗粟数钱无兵戎。"意思是自己没有在大唐贞观时期出生，贞观时期的居民真的是粮充足、钱有余，且没有战争。关于唐朝开元盛世，有记载"公私仓廪俱丰实"，这表明国家粮食充足，人民生活一派祥和富饶。《通典》卷十五中这样记载："开元、天宝之中，上承高祖、太宗之遗烈，下继四圣治平之化，贤人在朝，良将在边，家给户足，人无苦窳，四夷来同，海内晏然……百余年间，生育长养，不知金鼓之声，爟燧之光，以至于老。"这些史料赞誉了大唐统治者的贤能，也以叙述的口吻向人们展示了大唐子民生活的幸福安康以及整个国家的富强与繁荣。

由于对外开放以及贸易发展的缘故，大唐工商业取得了很大发展。《唐国史补》卷下记载："凡货贿之物，侈于用者，不可胜纪。丝布为衣，麻布为囊，毡帽为盖，革皮为带……天下无贵贱通用之。"此外，夜市从唐朝中后期开始出现。古代中国历朝历代几乎都有宵禁，但到了大唐中后期，坊市制与宵禁制开始被打破，出现夜市。当时文人记载："夜市千灯照碧云，高楼红袖客纷纷。水门向晚茶商闹，桥市通宵酒客行。"在繁华城市不论白天还是夜晚，集市贸易都相当发达。

唐朝之强大，所向披靡，令当时所有国家都无法企及。开明的思想、贤人的统治、科技的发展等一系列先进的因素造就了大唐的辉煌。

第二章

唐朝的时尚

唐朝人的审美有着自己独特的一面，尤其是盛唐时期开放自信的风气影响了唐朝人对于美的理解，微胖的审美反而成了唐朝独特的标志，女性社会地位的提升也印证了唐朝的包容与开放。

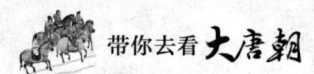

1. 唐朝以胖为美

俗话说得好，窈窕淑女，君子好逑，然而唐朝却是以丰腴为美。唐朝的女子丰腴圆润、肌如琼脂，让人叹而观止。用今天的话来说就是微胖，充满女人味的另一种美。一提到以胖为美，就想到盛唐，此话确实不假，仿佛以胖为美的审美成为唐朝的代名词。然而需要注意的是，以圆润丰满为美的代表时期是盛唐，并不意味着在唐朝将近300年里，审美均一成不变，这其中的原因与政治经济有很大的相关性。正所谓"世殊时异，所以兴怀，其致一也"。

初唐，街上的女子似乎还是少了一丝丰腴，能看到她们的大多是纤细的腰身。可以说中国历朝历代的主流审美都是以瘦为美，初唐也不例外。如果走到西市，留心看到卖货的商铺，可能看到这样的情景：各式各样的女子陶俑，她们统一体形颀长、腰肢婀娜，很少有现代在唐朝壁画中所看到的圆润身形。初唐的诗歌中也多有描写初唐女子身形的诗句，如"一搦掌中腰""愿作轻罗着细腰"等。可见当时的审美依然以纤瘦为美。

然而随着盛唐的到来，唐人的审美很快便由"瘦"转为"微

第二章 唐朝的时尚

胖"，丰腴已经开始逐步取代纤细，成为盛唐的主流审美。此时的长安城街头又是什么模样呢？能看到三两女子同行，体态丰满，画着唐朝典型的红唇妆容，一股女性特有的妩媚扑面而来。甚至走进唐朝著名的平康坊，也能看到精通歌舞、诗词以及绘画的娼妓头梳高髻，身穿无领露胸短袖衫，面部饱满圆润，身材丰腴优美，吸引着无数风流才子拍手叫好，引得人头攒动，纷纷前往观看。根据史料《旧唐书·外戚传》记载："公主丰硕，方额广颐，多权略，则天以为类己。"

《资治通鉴》亦记载："公主方额广颐，多权略，太后以为类己。"颐，指的是下巴，广颐，即下巴丰满。所以如果武则天和太平公主都长得丰腴肥硕，且是额头宽阔，下巴丰满。她们的体态已完全不同于初唐前期的纤瘦一族，而且武则天凭借她的长相赢得了"妩媚"的称号，这说明初唐女性审美观已经露出新变的端倪，转变为具有盛唐审美的特征——"以胖为美"。

由于唐玄宗的励精图治，唐王朝很快就开创了"开元盛世"的繁盛局面，政治相对稳定、经济高度繁荣、国力空前强盛，整个社会表现出蓬勃向上的生机和活力。在恢宏壮阔、兼容并蓄、辉煌灿烂的盛唐气象的熏染下，"一种健康的、禁锢色彩淡薄的女性审美观"出现了，这就是"以胖为美"的女性审美观。一个时代的审美情趣最体现那个时代文化的精神特征，而丰腴富丽、雍容华贵的女性审美观最能体现这一时期的时代特色和精神风貌，自然也就成为这一时期女性所极力追求的时尚。

提到盛唐的审美代表，首先想到的肯定是让"六宫粉黛无颜色"

的杨贵妃。《旧唐书·后妃传》对杨贵妃有这样的描述："太真资质丰艳。"《长恨歌》有诗句："温泉水滑洗凝脂。"透过"丰艳""凝脂"这些词,可以感受到杨贵妃的丰腴富态。《开元天宝遗事》中又提道："贵妃素有肉。"《杨太真外传》还记载道："贵妃有姊三人,皆丰硕修整,工于谮浪,巧会旨趣。"可见,不仅杨贵妃体态丰硕,她的三个姐姐也都是"丰硕修整"的胖美人。京城贵妇的相貌体态很容易成为衡量美女的标准,所以杨贵妃在当时被视为女性美的典范是自然而然的了。

唐代著名人物画家张萱的《捣练图》中捣练、熨练的贵族妇女,她们无一不"腰腹较粗壮,面颊丰腴"。《虢国夫人游春图》中骑着肥硕骏马的女性也都是丰腴富态,雍容典雅,很容易让人联想起杜甫《丽人行》中"态浓意远淑且真,肌理细腻骨肉匀"的诗句。除此以外,臧怀亮墓壁画中的侍女,"脸庞丰肥,下颌圈明显,体态胖大"。李宪墓壁画中的宫女大多"面庞丰润,体态肥硕"。除了壁画之外,盛唐时代的彩绘女立俑几乎全部都是典型的"体态丰满,梳博鬟偏髻,穿窄袖宽大长袍"。那么这一时期的女性审美观也就显而易见了。

安史之乱是唐由盛转衰的关键节点,政治经济文化无一不有所改变,那么在审美上也出现了一定的改变。中晚唐时期,唐朝人的审美逐渐由盛唐的丰腴圆润转变成轻盈劲瘦,中晚唐诗歌中出现了非常多关于女性纤瘦身材的记载,元稹有诗云"腰身瘦小歌圆紧";韩愈《辞唱歌》中说道"腰身如柳枝",这些诗句皆证明纤瘦在中唐女性中极为普遍。据《本事诗》载:"白尚书(居易)姬人樊素善歌,妓人小蛮善舞，尝为诗曰：'樱桃樊素口，杨柳小蛮腰。'"直至今天，"小蛮腰"都是女子纤腰的代名词。

与此同时，盛唐时期丰腴圆润的女性审美观依然在延续。元稹有诗句"气清兰蕊馥，肤润玉肌丰"即是证明；唐安公主墓甬道东壁画中的侍女也是"体态肥硕丰腴"。因此可见盛唐时期的女性审美观在中唐并未完全消失，但丰腴肥硕的女性审美观在中唐已不是时尚的风向标之所指，失去了主流审美的地位。

晚唐的女性审美观呈现出向唐初乃至更早的纤瘦回归的现象，而且这种纤瘦中又多了几分羸弱和柔媚，这是与哀婉深沉的晚唐之韵相符的。晚唐已经很少见到盛唐时期丰腴圆润的女性了，而纤腰袅娜的女性却活跃了起来。相比中唐，晚唐的唐人女子更有芊芊身段，也可以说更加柔美。因此唐朝的"以胖为美"其实专指盛唐时候的审美，又因为唐代是中国历史上鼎盛的时期，其独一无二的审美能代表整个大唐的恢宏气度，因此被后人所传唱。

那么为什么唯独盛唐的审美区别于初唐、中唐和晚唐而独树一帜？目前为大家所认同的原因主要有以下三点：一是大唐政治气候十分宽松，经济发展迅速，人们安居乐业，生活水平自然提高，饮食上会比较追求享受，就身材而言是比较丰腴的；二是大唐兼容并蓄，包容开放，到处都是世界各地的人，文化大交融造成审美取向的多样化；三是李唐家族其实是混有胡人血统的汉人家族，游牧民族一般是以胖为美的。所以这种审美趋向最终影响了李唐皇族的审美，皇家的审美趋向引导了民间的审美趋向，最终导致唐朝社会的整体审美趋向是以胖为美。

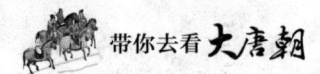

2. 从袒胸装到女扮男装

审美向来和服饰密不可分，服装体现一个人、一个社会乃至一个朝代的社会风貌，在大唐独一无二的审美和开放包容的盛世风采影响下，女性的服装也和前朝不同。

提到袒胸装，那可是前无古人，后无来者。大唐女性在中国历史的舞台上别出心裁，开创了粉胸半露袒胸装的时尚。唐代女子的服装主要为襦裙服，即上着短襦服，下着长裙，佩帔帛，加半臂，足登凤头丝履或精编草履。上襦很短，襦的领口常有变化，但是不管是圆领、方领、斜领、鸡心领，领口都开得很大，这是中国服饰演变中出现的比较少见的服饰和穿着方法。

若是真的漫步于宫廷，可见女官们的上衣衣领都低至胸部，丰腴的颈项与胸部上部都露在外面，她们身穿宽领短衫，领口开敞。施肩吾有诗："漆点双眸鬓绕蝉，长留白雪占胸前。"李群玉有诗："胸前瑞雪灯斜照，眼底桃花酒半醺。"大都是描写歌伎舞女穿袒胸装的形象。袒胸装不仅在宫中流行，而且日渐影响到民间。

与袒胸装配套共同塑造唐代女性美好形象的还有襦裙服，指的是

第二章 唐朝的时尚

唐代女性上穿短襦或衫，下着长裙，佩帔帛，加半臂（短袖）的传统装束。唐代的襦指的是一种衣身窄短小的夹衣或棉衣；半臂和帔帛，尤其是帔帛，质地轻柔、飘逸，在裙衫之外十分随意地轻轻地搭在肩臂上，长长地垂挂着，并随披着方式的不同而呈现出纷繁的姿态。盛唐以后，女装流行褒博，帔帛与褒衣广袖相组合，更突出了这一时期女子服装丰润飘逸的特色。颇具盛名的《簪花仕女图》展现出这样一幅画面：仕女头戴花冠，身着袭地长裙，裙腰及腋下，粉胸半露，外罩一件轻薄透明的宽大长衫，一条轻盈的长帔帛随意地搭在肩头，丰腴洁白的肌肤隐隐可见。仕女婀娜的娇姿与那舒缓、飘逸犹如行云流水的动感相辉映，更显迷人的景象。不过在街头或者商铺里，不会看到女性人人都裸露半胸的场面，大多只有身份尊贵的人才能穿开胸衫，嫔妃和公主可以半裸胸部，歌女、舞女也可以半裸胸部以取悦统治阶级。

但是，这种服装到了宋代就开始衰弱，社会风气逐渐变为"女子无才便是德"，更别说袒胸的服装了。因此，唐代袒胸装成为一段千古绝唱。总体来说，唐朝女性的服装主要有三大类，即上衫下裙、胡服和男装。上衫就是袒胸款式，下裙中最负盛名的就是石榴裙，而胡服则为唐代的舶来品。

下裙中的石榴裙是唐代年轻女子极为青睐的一种服装款式。这种裙子的颜色如火红的石榴花，上配深色短小襦衣，裙腰高束，上短下长，年轻女子穿上后，妩媚动人，像一朵石榴花。石榴裙在唐朝非常流行，李白诗，"移舟木兰棹，行酒石榴裙"；杜审言诗，"桃花马上石榴裙"；白居易在《琵琶行》中写道，"钿头银篦击节碎，血色

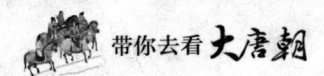

罗裙翻酒污"，诗中"红裙"和"血色罗裙"也是指石榴裙。

而"拜倒在石榴裙下"的产生与唐明皇和杨贵妃有关。传说杨贵妃非常喜爱石榴花。唐天宝年间，唐明皇投其所好，在华清池等地广泛栽种石榴，每当石榴花竞放之际，即设酒宴于石榴花丛中。杨贵妃饮酒后，双腮绯红，妩媚醉态，唐明皇喜爱之。因唐明皇过分宠爱杨贵妃，不理朝政，大臣们不敢指责皇帝，便迁怒于杨贵妃，对她拒不施礼。一天唐明皇设宴召群臣共饮，并邀杨玉环献舞助兴。可杨贵妃端起酒杯对皇帝耳语道："这些臣子大多对臣妾不施礼，不恭敬，我不愿为他们献舞。"唐明皇闻之，感到宠妃受了委屈，立即下令所有文官武将，见了贵妃一律施礼，拒不跪拜者，以欺君之罪严惩。众臣无奈，凡见到杨贵妃身着石榴裙走来，无不纷纷下跪行礼。于是"拜倒在石榴裙下"的典故流传千年，成为一句流传至今的俗语。

除了袒胸装和石榴裙外，《旧唐书·舆服志》还记载，唐玄宗时宫中妇人，"或有着丈夫衣服靴衫，而尊卑内外，斯一贯矣"。即宫内宫外，贵族民间，多有女子身穿男式衣衫，足蹬男人皮靴，女子着男装成为一种另类时尚而风靡一时。此外，西市上身穿大翻领式或窄袖紧身的西域服饰和胡人服饰的唐人，反映了唐代市民喜好胡服的风尚。先说女扮男装。服装作为一种文化载体，折射出了唐代女性的自由与开放。那时大唐一部分宫中侍女是这样的：她们身穿男子服装，手捧包袱，头戴黑色幞头，身穿大红色圆领袍服，下着条纹波斯裤，足穿线鞋（线鞋是一种便于活动的轻便的鞋，往往用麻绳编制鞋底，丝绳做鞋帮，做工十分考究）。为什么这些侍女身穿男装但足下仍穿女鞋呢？也许是她们女扮男装的同时，也不忘自身儿女情趣。大唐女

第二章 唐朝的时尚

扮男装折射出唐朝女性大胆追求时尚，当时女性在社会和家庭的地位普遍比较高，从侧面说明唐朝重视"男女平等"。到了唐武宗时也有女子身着男装。武宗妃子王氏，善于歌舞，又曾帮助武宗获得帝位，是以深得君王的宠爱。王妃体长纤瘦，与武宗的身段很相似，当武宗打猎时，她穿着男子的袍服陪同，并骑而行。王妃与武宗的形象差不多，人们分不出来哪个是皇帝，哪个是妃子。王妃着男装显然是武宗所欣赏的，至少是被武宗所接受的，可以看出朝廷的开放包容风气。

再说胡服，既然有了袒胸装、男扮女装等风气，胡服的流行便是自然而然的了。流行的原因是初唐至盛时期，中原与西域经济文化交往及胡舞的兴盛。唐朝开元、天宝年间，特别流行女子穿胡服骑马。胡服的特征是翻领、对襟、窄袖。唐代流行于西域地区以及波斯等国的胡服卡弗坦，卡弗坦形制为锦绣浑脱帽，翻领窄袖袍，条纹小口裤和透空软锦鞋。《新书·五行志》中即记有"天宝初，贵族及士民好为胡服胡帽"的史实。唐代所谓的"胡服"，不单指少数民族的服装，还包括大量异国之服。胡服在中原地区的流行，就是一个具体的反映。和以往相比，唐代崇尚胡服的一个显著特点，就是女子着胡服者甚多。这种现象与当时的文化生活有着密切关系，尤其是胡舞的流行，为女子服装的变化带来了很大的影响。

从唐朝女性服装不仅可以看出当时女性对于美的追求，同时也可以体现唐朝女性对自由和幸福的追求，以及社会开放与包容的新风尚。

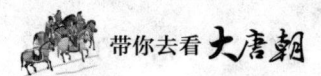

3. 唐朝女子的妆容与发髻

和以往朝代不同的是，唐朝女性钟爱化妆，妆容华丽富贵，多有盛唐之风貌，据记载她们化妆的时间往往花费数小时，由此也能看出大唐女子对美的追求。

据考证，唐朝女子的化妆顺序大致如此：一敷铅粉，二抹敷脂，三涂鹅黄，四画黛眉，五点口脂，六描面靥，七贴花钿。和现代人一样的是，唐朝女子化妆也是分好多步骤的，铅粉和敷脂很好理解，就是粉底和胭脂；粉脂是胭脂和素粉的合称，这是当时妇女们离不开的化妆品。由于唐装多有袒露肌肤，因此除面部敷粉以外，胸、臂等裸露部分也是要敷粉的。现在可以看到的形象资料是出土的陶俑和壁画仕女图，上面有半圆形和圆形的红粉化妆痕迹。在当时，宫中的女性也有少数只以素粉扑面的化妆方法，人们称它为"泪妆"，认为它属于奇装异服一类。涂鹅黄指的是在额头上涂上黄粉，这是从南北朝开始的风气。经唐代始终，流传至五代、宋代时才逐渐消失。新疆吐鲁番出土的绢画上便有一些女子的额上涂着黄粉妆，她们是在额头正中涂上一个黄色的圆晕。北周庾信的诗中有"额角细黄轻安"的句子，

第二章 唐朝的时尚

看来那时是把黄色一直涂到额角上。而唐人袁郊的诗句"半额微黄金缕衣",却显出唐朝女子涂鹅黄时已经不把额头全涂满,颜色也不画得很深了。

描眉之举,则是自先秦时代已经产生,直到汉末,主要的画眉用品仍然是黑色的柳炭。传说汉代京兆尹张敞经常在家里给夫人画眉,后人引以为千古佳话。南北朝时期,用黛绿色画眉的风气逐渐兴起,到了唐代初期就更加流行。有诗句咏颂美女的眉毛说"眉黛夺将萱草色",那显而易见就是绿眉毛了。由于绿眉盛行,唐玄宗时,杨贵妃改用黑色描眉,反而成了新奇的式样,一时间宫廷之中纷纷仿效。恰如唐人徐凝的诗句:"一旦新妆抛旧样,六宫争画黑烟眉。"唐代女子画眉的式样很多。唐人张泌《妆楼记》一书中说唐玄宗曾经命令画工设计十种眉样,其中有"横云""斜月"等,民间还有桂叶眉、扫眉、蛾眉。但总体来看,不外乎细眉与阔眉两种。初唐诗人卢照邻《长安古意》一诗中"纤纤初月上鸦黄"描写的就是一种细眉。这样如一弯新月的细眉式样可以在新疆吐鲁番阿斯塔那唐墓中的绢画女子的面上见到,而陕西礼泉唐郑仁泰墓中的女陶俑面上却是两道画得又浓又宽的阔眉。可见当时的审美也是有所区别的,就如同现代的平眉和挑眉一样有所区分。

斜红则是女子面颊上的一种妆式。从唐代墓葬里出土的女俑可以看出,其脸部绘有两道红色的月牙形妆式,这种妆式色泽浓艳,形象古怪,有的还被故意描绘成残破状,远远看去,宛如白净的脸上平添了两道伤疤,这种妆式被称为斜红。据张泌《妆楼记》记载,三国时,魏文帝曹丕的宫中新添了一名宫女,叫薛夜来,文帝对她十分宠

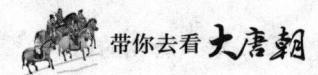

爱。一天夜里，文帝在灯下读书，四周有以水晶制成的屏风。薛夜来走近文帝，不觉一头撞上屏风，顿时鲜血直流，伤处如朝霞将散，愈后仍留下两道疤痕，但文帝对她宠爱如昔。其他宫女有鉴于此，也模仿起薛夜来的样子，用胭脂在脸部画上这种血痕，名叫"晓霞妆"。时间一长便演变成一种妆式——斜红。

除斜红之外，唐朝还流行一种面部妆式叫"面靥"。"面靥"与"斜红"不同，它是施于面颊酒窝处的一种妆式，也称"妆靥"。更古老的名称叫"的"。刘熙《释名·释首饰》中"以丹注面曰'的'"，即指此。根据传说，女子在脸上注"的"，原来并不是为了妆式，而是宫廷生活的一种特殊标记。当一位宫女月事来临，不能接受帝王的"御幸"，而又难以启齿时，只要在脸上点上两个小点即可表意。以后这种做法被传到民间，逐渐变成一种妆式。

接下来的一步就是点唇。所谓的点唇，就是以唇脂一类的化妆品涂抹在嘴唇上。唇脂是我国最早出现的点唇材料，它的主要原料是"丹"。"丹"是一种红色矿物，也叫朱砂，用它调和动物脂膏制成的唇脂，具有鲜明强烈的色彩光泽。随着社会风气的变迁和审美观念的演变，唐代妇女的点唇形式也出现多样的造型，如"石榴桥""大红春""小红春""半边娇""万金红""露珠儿""内家圆""天宫巧""淡红心"等；也有以形状大小或妆容姿色取名的，如"嫩吴香""圣檀儿""洛儿殷"等，这里的唇脂就是后来的胭脂锭。

而具有唐妆特点的必然要数花钿了，花钿是唐代面部装饰的一大特点。这种在脸部额间贴上花钿进行装饰和点缀的方法，在唐时十分盛行，尤其是唐的后期更为流行，并且有多种效果。有唐诗为证："腻如

第二章 唐朝的时尚

云母轻如粉,艳胜香黄薄胜蝉。点绿斜蒿新叶嫩,添红石竹晚花鲜。鸳鸯比翼人初贴,蛱蝶重飞样未传。沉复萧郎有情思,可怜春日镜台前。"从诗句中能感受到当时花钿的视觉效果,从而知道花钿的质地是薄而轻的,色是腻而艳的,样式有鸟、虫、花叶等,这些在大唐的壁画、绢画上都有反映。花钿的颜色有红、绿、黄等,其中红色最为多见。在莫高窟发现的初唐时期的壁画和新疆吐鲁番阿斯塔那唐墓中出土的绢画等处的女子肖像上的花钿,大都是红色的。而中晚唐时期诗人的咏唱中,主要提到的却是绿色的翠钿和黄钿,所以中晚唐时期流行绿色、黄色的花钿。关于花钿的起源,有一个很奇妙的传说。南北朝时,有一次过节,宋武帝的女儿寿阳公主醉酒之后,躺卧在含章殿的屋檐下面,一朵梅花正好飘落到她的额头,在额头染上了一朵五瓣梅花痕,怎么擦也擦不掉,过了三天才洗下去。宫女们感到新奇好看,便纷纷效仿,在额上画一朵梅花,最后便成了花钿。

除妆容外,大唐女子也会染指甲来修饰美化自身。张祜在诗中形容:"十指纤纤玉笋红,雁行斜过翠云中。"据说,古人养蜥蜴,喂朱砂使它变红,将它捣碎,用红汁点染指甲。

接下来再说说发髻,它起源于夏商周,到了隋唐发展已达到了艺术高峰。所谓发髻就是把头发绾起,将其盘结于头顶或头后。由于盘结方式的不同,产生的发式也不同。古代妇女因年龄和身份的不同,所梳的发型也不同,小时候梳丫髻为主,长大后则改梳丫鬟,出嫁时将发鬟改为发髻,再配以金银珠宝和翡翠等首饰,来达到一种富丽华贵、雍容富态的装饰风格。

唐朝女子常用的发髻有高髻、花髻、低髻、双髻、木髻等三十多

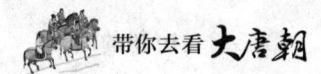

种样式，形式非常复杂多样，但总体上不外乎两种类型：一种梳于头顶，另一种梳于脑后。一般妇女在未成年时将头发束起来，梳在头顶，扎上两个小髻，而且这两个小髻形状一样，都和树枝丫杈相似，所以又叫丫头。丫头本来是发型的一种，发展到后来，"丫头"便成了对女子小时候的爱称。一般女子在年幼时以梳丫髻为主，成年后则改梳丫鬟，到出嫁之日，再将发鬟改为少妇的发髻。如果已过婚龄而未嫁，那也只能梳鬟而不能梳髻。由此可见，梳髻与梳鬟，是体现女子成婚与否的一种标志。唐代诗人杜甫在《负薪行》中描写到四川地区的女子，因多年战乱，男丁减少，直到四五十岁还没嫁出去，虽然两鬓已白，但仍梳着待嫁的发鬟。

初唐时身份较高的妇女，不再梳隋朝的平云式发型，而是直接向上梳起，形成各种不同发式，于是就出现了高髻。高髻的种类很多，飞髻、朝天髻都属于高髻。初唐时，发髻一般流行缠得比较紧、梳得比较高。当然，一般妇女的头发不足以达到这种高度，所以常常用假发来代替，就是在真发中垫上有重量的假冠、发垫等，把头髻增高。虽然杨贵妃属于身份较高的女子，但她也喜爱用假发，当时叫它义髻。

后来又出现了新的方式——蝉翼，即把脑袋边的头发向外梳开，梳得很薄，薄如蝉翼，然后在头顶上做成一个高髻。这时还有的人在头顶上盘成各种形状，有把头发向左右梳开后在耳边梳成两个水滴状的垂髻。垂髻是先将头发缕在脑后，再在其末端挽绾成一把，结成一个小团。

到了唐太宗时期，当时在女子中最流行的是倭坠髻，也就是把头

第二章 唐朝的时尚

发从两边梳向脑后,和现代梳马尾的第一步类似,然后向上掠起,在头顶上绾成一个或两个向额前方低下来的发髻。很多出土的盛唐陪葬用的女佣,大多是做成倭坠髻。现代日本妇女穿和服时梳的发式,就是沿用唐朝的倭坠髻。

到了中、晚唐时期,妇女的发髻又出现了多种新式样。贞元末年,在当时的京城长安流行堕马髻,大概就是把头发绾到头顶上,再在头顶做一个样式,使它偏向一侧,形成一种新的发式。这样的发型活泼自然。还有一说,年轻的侍女们经常把头发向左右分开,在头顶上做一排多个发髻的发式,非常复杂。根据唐人段成式的介绍,唐高祖宫中有"半翻髻""愁来髻",贞元年中有"归顺髻""闹扫妆髻",长安城中有"盘桓髻""惊鹄髻""抛家髻""倭坠髻",等等。

唐朝后期,女子头上的饰物越来越多。贵族妇人往往珠翠满头,饰物用金、银、珍珠、宝石、玳瑁等制作,有梳子、篦子、簪、钗、步摇、搔头、金银宝钿等。发髻上插梳子则是中晚唐兴起的风气,张萱的《捣练图》上,妇女们插戴的小梳子的式样就有好几种,有在发髻前方插一把的,有在发髻间插三把的,有在头顶前部一上一下相对地插入两把梳子的,也有插上多把小梳子的。

唐朝女子的妆容和发髻与时代开放的风气是密不可分的,无论在哪个时代,美都是女子所追求的风尚。流行趋势也随着时代的变化而改变,然而留下来的却是印刻着大唐特色的审美习惯,也给人们留下了宝贵的精神财富,渲染了中华文明篇章的瑰丽璀璨。

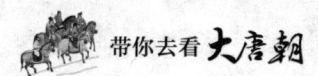

4. 唐朝的皇室服装

古代中国很重视反映社会秩序的文化形式，服饰一直是统治阶级的工具，往往用来维护"人有差等"。尽管唐代社会风气开放，政治制度比较宽松，但服装中传统的等级观念反而加重了。不同于大唐女子的奔放穿着与奇特妆容，大唐皇室风韵尤其独特。先来看看皇族如何追赶潮流，如何搭配。

《唐书·舆服志》中有许多关于礼仪服饰制度的规定，其来源于唐令中所记录的《衣服令》。624年颁布了有关服饰的令文，内容基本因袭隋朝旧制，其中共有天子之服十四种、皇后之服三种、皇太子之服六种、太子妃之服三种、群臣之服二十二种、命妇之服六种，史称"武德令"。武德令重服饰的体现，作为一种皇权的阶级象征在后来不断发展与补充。而黄色在大唐正式成为皇族的象征，尤其是黄色中名为"赤黄"的颜色，成为大唐富丽堂皇的代表色，赤黄色的服装只能由皇室成员穿着。

唐朝皇帝的服装种类繁多，主要分为冕服和常服。冕服是帝王举行重大仪式所穿戴的礼服，主要由冕冠、玄衣、纁裳、白罗大带、黄

第二章 唐朝的时尚

蔽膝、素纱中单、赤舄等构成。冕服在不同场合所穿的也不一样。武德令中天子的十四种服装为大裘冕、衮冕、鷩冕、毳冕、絺冕、玄冕、通天冠、缁布冠、武弁、弁服、黑介帻、白纱帽、平巾帻、白恰；皇太子的六种服装为衮冕、远游冠、公服、乌纱帽、弁服、平巾帻。在后来的实践当中，皇帝服装又不断地简化，最终唐朝主要保留了衮冕，颜色以黑色和黄色居多，且上有十二章纹饰，如日、月、龙、虎之类等。唐朝冕上多带瑠，瑠指的是彩色的装饰品，带瑠主要是限制皇帝的动作，使皇帝的姿态保持一定的庄严。

唐朝皇帝除冕服外还有常服。常服是皇帝最常穿着的一种皇室衣服，颜色赤黄，还要佩戴折上头巾、九环带着六合靴。这种服装乃是魏晋南北朝时戎服的一种。戎服就是军队中的服装，适合作战时穿，因穿着方便，这种服装从唐太宗时期便变成皇帝的常服。一般的上朝，皇帝都是身穿常服接见官员，只有在特别正式的场合，皇帝才会脱掉常服，换上冕服。

唐朝的皇后礼服也有自己的特点。礼服指皇后在正式场合中的衣着，武德令中记载皇后礼服有袆衣、鞠衣、钿钗礼衣三种。因为皇后的身份具有一定的政治意义，除了主持后宫事务之外，还要参与一些例行的典礼，如拜陵、宴宾，并主持与女性有关的仪式，如亲蚕、献茧。因此，皇后的三种礼服在面料、颜色、形式上各有所不同，以供皇后在不同场合中穿着。其中袆衣是皇后礼服中的最高形式，用于最重要的典礼。古书记载"袆衣，首饰花十二树，并两博鬓，其衣以深青织成为之，文为翚翟之形。素质，五色，十二等"。皇后、皇太子妃以及命妇的礼服，与皇帝、诸侯的礼服一样，不仅鲜明地体现了唐

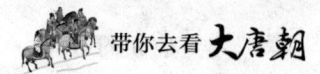

代的服饰等级制度,而且每一种礼服体现的内涵是不同的。垂下大袖的宽袍,服装上华美的翟鸟纹都彰显大唐独有的开放与豪侈。

除了皇室礼服与常服,大唐官服按礼节轻重划分大致有祭服、朝服、公服、常服。这些朝服、公服的式样在近代的考古发掘中陆续得到了大量出土实物的证明。如陕西省乾县唐章怀太子墓中出土的壁画中有一幅《客使图》,上面描绘了外国使臣在唐朝宫廷等待朝见的情景,画面中包含站立着的身穿各种异邦服装的外国使臣,面前是三位身着华丽服饰的唐代官员,他们穿着宽身大袖的红色上衣,在领口与袖口上都缘有宽宽的黑边,外衣的领口内露出白色单衣领边;下身穿着白色长裙,裙裳的下摆加缀了有细密褶裥的黑色裙裾;腰间系带,腹前垂下又窄又长的蔽膝;腰后拖着彩色绫纹绶带;足蹬黑色笏头靴;头上戴着黑色的介帻,外面还罩着透明黑纱制的武弁大冠,这就是一套完整精细的朝服。皇帝与大臣议论国事称为朝会,朝会有大小、朝夕之分,其礼仪亦有轻重区别,再加上入朝官员的职位有高低之分,因而朝服等级必须明确。除朝服外,唐承前制,将公服作为次于朝服或礼节较轻时官员穿戴的服饰。总之,公服仅次于朝服,多用于官员办公等场合。

除了皇室以外,在坊市行走,随时可以看到唐时庶民男子的袍衫,它在结构形式上与秦汉、魏晋时期有了很大变化。由于胡服的影响,中国衣冠所固有的褒衣大招、长裙丝履的形式到盛唐时期发生了较大的变化,袍衫的形制变化就很好地说明了这一点。此时袍衫的形制特点为圆领、窄袖,领袖及襟已没有缘边,身长至足或膝下。这种新式的袍衫在大唐时期普遍流行,而且不分尊卑贵贱皆为同一式。这一时期的袍衫又有襴袍、襴衫和缺胯袍、缺胯衫、铭袍与铭衫之分。

襴袍与襴衫是一种上衣下裳相连属的服装形式,是受胡服的影响而成,它与深衣制有相同之处,即上衣下裳相连属。其不同之处在于深衣为交领、大袖;领、袖、襟均有缘饰,襴袍、襴衫则是圆领、窄袖;领、袖、襟均没有缘饰,为士人之上服,亦为一般之常服。襴袍、襴衫的最大特点是在传统袍衫的下摆施加一横襴,故而得名。

缺胯袍与缺胯衫中所谓的"缺胯",是指在袍衫两胯下开"衩儿"的形制,以利于行动。因此,这种袍衫被作为一般庶民或卑仆等下层人的服装。其形制为圆领、窄袖、缺胯,衣长至膝下或及踝为主。穿这种袍衫一般内着小口裤,劳作时可将衫子一角掖于腰带间,谓之"缚衫"。

无论是皇室礼服还是庶民便服,都讲究材质,唐代的纺织品主要是麻织品和丝织品两大类。据考,麻织品有诸如火麻布、赀布、班布、胡女布等众多品种;至于丝织品的品种则更多,如锦、绫罗、纱、䌷、绝等,而丝织中的锦样,又分为瑞锦、半臂锦,等等。民间纺织作坊以及官府丝织业机构少府监下的染织署,遍布全国,分工精细,表明唐代纺织印染技术的高度发达。

除此以外,外族服饰文化对唐朝服饰的影响,也为大唐服饰的华美富丽奠定了基础。大唐京师长安是东西文化交流的中心,北方游牧民族匈奴、契丹、回鹘与中原交往甚多,加之丝绸之路的骆驼商队络绎不绝,对异国衣冠服饰的兼收并蓄,使唐朝服饰更加鲜艳夺目。

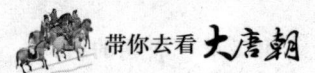

5. 唐朝的精美佩饰

除了日常穿衣外，大唐佩饰同样是造型各异，种类繁多。在陕西历史博物馆内陈列了唐朝女子、男子日常所用各种各样的佩饰。其中不乏国宝级文物，譬如巧夺天工的葡萄花鸟纹银香囊是当时杨玉环随身佩戴之饰品，其设计之科学与巧妙，令现代人叹绝。不仅如此，唐朝人的佩饰多种多样，接下来看看他们都有哪些精巧的佩饰。

通天冠是级位仅仅次于冕冠的冠帽，其形如山，正面直竖，以铁为冠梁，是皇帝戴的一种帽子。唐代通天冠形状与汉画中的进贤冠结构相同，不同的只是展筒的前壁，进贤冠是前壁与帽梁接合，构成尖角；通天冠的前壁比帽梁顶端高出一截，显得巍峨突出。通天冠正前方高出的这块前壁就是金博山，金博山向前倾斜，上面饰有蝉纹。唐代的通天冠其特点之一是颜题（古代头巾覆额面部分）成为很规范的帽圈形；其二是整个帽身向后旋转倾斜而不是向前倾斜；其三是冠前的金博山缩小成圭形，上饰王字或附蝉；其四是在冠上饰有珠玉装饰；其五是帽身饰有等距离的直线纹。由此看来，唐代通天冠的基本造型已经十分华丽了。

第二章 唐朝的时尚

进贤冠也是中华服饰艺术史上重要的冠式，古代礼制讲贤冠，描述此冠帽梁的长为8寸，与前高7寸，后高3寸的帽缘相接，就成为前高后低的斜势，形成前方突出一个锐角的斜俎形，称为"展筒"，其两侧和中间是透空的。至唐代，冠耳逐渐扩大并由尖角形变成圆弧形，而展筒则逐渐降低缩小，把介帻的屋与进贤冠的展筒融成一体，形成一种由颜题、帽屋及帽耳组合的新冠帽，即唐代的平巾帻。

幞头起初由一块民间的包头布而来，随着历朝历代发展而形成帽身，看上去端庄丰满，展角于动势中扩大视觉空间，是具有民族特色的华夏民族冠帽。秦汉时期起，华夏地区身份高贵的男子二十而冠，戴的是冠帽，身份卑贱的人戴帻，帻本是一种包头布，用以束发。使用时用一块巾布从后脑向前把发髻捆住，在前额打结，使巾布两角翘在前额作自然的装饰，幞头在四角接上带子，两角在脑后打成结后自然飘垂可成为装饰，另两角反到前面攀住发髻，可以使之隆起而增加美观。幞头系在脑后的两根带子，称为幞头脚，开始称为"垂脚"或"软脚"。后来两根垂在脑后的带子加长，打结后可作装饰，称为"长脚罗幞头"。这在当时青年男子中是一种帅气的打扮。

随着朝代更迭，幞头也在不断发展变化，到了唐时，社会上流行高冠峨髻的风尚，所以又在幞头内衬以巾子（一种薄而硬的帽子坯架），这种巾子就是一种帽坯架，它可以决定幞头的造型，开始是平头小样，《旧唐书·舆服志》谈到唐高祖武德时期流行"平头小样巾"，后来幞头造型随着时间的不断变化。武则天曾经赐朝贵臣内高头巾子，又称为"武家诸王样"。随后类似的流行趋势也在平民百姓中传播开来。

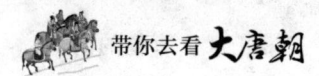

说完了男子的基本佩饰,再一起观赏一下唐朝女子的配饰。唐朝女子的配饰种类丰富,形制华美,色彩绚丽,常见的有钗、簪、步摇、钿、栉具几大类,其中,钗和簪最普遍。唐代簪花风尚驰名中外。唐代女子会在头上簪有数朵美丽的鲜花用来彰显魅力。著名的唐代《簪花仕女图》中的五位妇女,身披轻纱,头绾高髻,髻上簪有特大的花朵。有的簪真花,有的簪假花。当时的贵妇人是极其讲究发上的花饰。据说,唐玄宗每年十月幸临华清宫,杨国忠姊妹五家扈从。每家为一队,着一色衣,五家合队照映,如百花盛开。

钗也是女子的一种首饰,由两股簪子合成,不同发钗的区别主要在于钗头上形状的不同;簪,是用来绾住头发的一种首饰,根据质地的不同分为金簪、银簪、玉簪等。钿是古代一种嵌金花的首饰,色彩丰富,多为花钿、金钿等;栉具是妇女的梳头工具,唐代栉具多为月牙状;步摇是一种贵重华丽的饰品,因其上面有垂珠,随着走路的节奏来回摇摆而得名,根据材质的不同,有金步摇、玉步摇等,灵动十足。鲜花也是唐代女子喜好的一种饰品,尤其以佩戴牡丹居多。唐代女子的发型样式和配饰种类远不止于此,她们还常用假发、丝绢等,在充分继承前朝发饰的基础上不断创新。

综观唐朝女子首服,在浑脱帽流行之前,曾经有一段改革的过程,初行幂,复行帷帽,再行胡帽。浑脱帽是胡服中首服的主要形式。最初是游牧之家杀小牛,自脊上开一孔,去其骨肉,而以皮充气,谓曰皮馄饨。至唐时,已用较厚的锦缎或乌羊毛制成,帽顶呈尖形,如"织成蕃帽虚顶尖""红汗交流珠帽偏"等诗句,即写此帽。它与帷帽相似但没有纬纱,外表涂黑并施彩绘花纹。人们穿戴的浑脱帽应该是用动物的皮、毡或质地厚实的织物缝制而成。这种帽子传入中原后，深受王公贵族们的喜爱，出现了"都邑城市，相率为浑脱"的盛况。

《中华古今注》载："幂，类今之方巾，全身障蔽，缯帛为之。"幂之制也来自北方民族，因为风沙很大，故用布连面带体一并披上，前留一缝，可开可合，初唐女子出门时戴幂，是为免生人见到容貌。

帷帽之行，始创于隋。《旧唐书·舆服志》记："武德、贞观之时，宫人骑马者，依齐隋旧制，多着幂，虽发自戎夷，而全身障蔽，不欲途路窥之。王公之家，亦同此制。永徽之后，皆用帷帽，拖裙到颈，渐而浅露。"《说文解字段注》记："帷帽，如今席帽，周围垂网也。"参考唐代女子骑马俑，此类帽式为高顶宽檐笠帽，帽檐下一圈透明纱罗帽裙，较之幂已经浅露芳姿。因此初行时，曾受到朝廷干预，言之："过为轻率，深失礼容。"但唐代女子并未满足这种隔纱观望的帷帽式，后索性去掉纱罗，不用帽裙或不戴帽子而露髻驰骋。

随着胡服盛行，胡帽作为一套胡服的重要组成部分，自然为广大女子所爱。《旧唐书·舆服志》载："开元初，从驾官人骑马者，皆著胡帽，靓妆露面，无复障蔽。士庶之家，又相仿效。帷帽之制，绝不行用。俄又露髻驰骋……"

综观大唐佩饰种类之繁多，材料之精美，确实让现代人叹为观止。衣着与佩饰的背后是大唐璀璨恢宏的气度，彼时世界都被盛唐气质所折服。甚至时至今日，一些东南亚国家依然保留着唐时的服装和佩饰，可见大唐影响之深远。

第三章

唐朝的美食

饮食向来是人们最热衷的话题。中华美食睥睨世界可是要追溯到千百年前，唐朝如此开放强盛，就更是美食的天下。从吃茶到甜点，无一不影响着大唐百姓的生活，外来美食也为唐朝饮食添加了别具一格的风味。

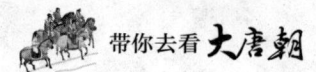

1. 唐朝的"下午茶"

民以食为天，吃吃喝喝是一件人生乐事。饮茶在现代人的生活中是不可或缺的，茶叶在大唐十分流行，可谓风靡全社会，唐朝人和现代人一样也会享受下午茶，谈诗会友，吃茶饮香茗，乐哉优哉。

事实上"茶兴于唐、盛于宋"，茶文化的形成与唐代的经济强盛是分不开的，开放包容的社会氛围也为茶文化的形成奠定了基础，再加上盛唐时期，举国兴佛，诗风大盛，各种文化思潮涌动，从一定层面对茶文化的发展壮大产生了积极的影响。

唐代以前饮茶的风气仅流行于长江以南的产茶地带，这种略带苦味的口感实在很难引起习惯醇厚酒味的北方士大夫们的兴趣，饮茶还一度成为北方人嘲笑南方人的原因。随着盛唐来临，喝茶的人越来越多，连北方人都被带动起来，在陆羽的《茶经》传开之后，饮茶更是在全国盛行，长安、洛阳与荆渝之间家家户户都喝茶。

那么茶叶都是从哪里贩卖到长安城的呢？首先，茶叶从业者主要有茶农、茶园主、茶商、茶馆经营者、官府管理人员等，由

第三章 唐朝的美食

于长安西市的开远门是丝绸之路起点途径的西门,这里商贸繁盛,也逐渐演变为茶商的集聚地。从开远门出发,有7条国道辐散全国,每15公里一个驿站,总共1639个,沿途形成了天然的市场。茶叶市场逐渐形成一个覆盖全国各地的网络,这肯定是得益于盛唐发达的经济和厚重的底蕴。开远门附近的西市形成了经营茶叶的茶铺,有大小不同茶室,也有超大的茶坊,可以说是茶商最集中的地方。

唐朝的产茶地主要都在南方,南方茶叶生产不仅地域广、产量高,名茶也多。巴蜀、江淮、两湖等地的大城市都是茶叶集散地,许多茶商沿着运河南下,到这些地方收购茶,然后贩运四方。

长江中下游产茶区几乎是中国最好的茶仓所在地了,陆羽的《茶经》"八之出"记述的名茶大半都在这里。最著名的茶叶集散地则有浮梁、婺源、祁门、德兴、江陵等。当然排第一的还是要数白居易《琵琶行》里说到的"商人重利轻离别,前月浮梁买茶去"的浮梁。这个东南最大的茶叶集散地商贾云集,熙熙攘攘,叫卖声此起彼伏。当然全国有很多茶叶市场,除了茶山交易和草市镇的茶叶交易,还有城市茶叶市场、农村茶叶市场等,所以茶叶的买卖是很便利的。

西市开远门的茶坊向来非常火爆,来喝茶的道俗都有。京城里还冒出了很多专门煎煮茶水出售的店铺,不论身份如何,只要给钱便可饮用,茶铺里不是卖茶粥,而是出售茶汤或者代卖茶器。这些茶馆一般叫茶坊、茶肆或茶邸。茶坊一般是前店后坊,前面是卖茶的品饮区,店小二摆几张桌子、几张凳子就可以了;后边则是做茶、煎茶

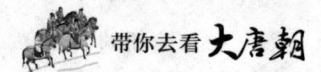

的地方，用新鲜的茶叶现煮现做。如果看到茶灶间放有瓷偶人"陆鸿渐"，不要觉得新奇，这是坊上逐渐流行的习惯，如果这一天饮茶的客人较少，就拿茶来浇一下，增添点财气。如果有人买十来样茶器，还可以送一个瓷偶，非常有趣。另外，有的茶坊规模非常气派，内有大小不同的茶室，供商旅及往来的外国人饮茶。

随着饮茶时尚的进一步流行，茶道比比皆是，且有三派为主流：以卢仝为代表的修行类茶道、以陆羽为代表的茶艺类茶道、以常伯熊为代表的风雅类茶道。其中陆羽在总结前人经验的基础上，结合自身的亲身实践，著述了世界上第一部系统阐述茶的著作《茶经》。《茶经·六之饮》有云："饮有粗茶、散茶、末茶、饼茶者，乃斫、乃熬、乃炀、乃舂。贮于瓶缶之中，以汤沃焉，谓之痷茶。或用葱、姜、枣、橘皮、茱萸、薄荷之等，煮之百沸，或扬令滑，或煮去沫，斯沟渠间弃水耳，而习俗不已。"大致说的是唐朝人们饮茶的种类，泡茶的方式以及喝茶的讲究。

唐代的茶叶分类大致有粗茶、散茶、末茶、饼茶四种。茶饼经过炙、碾、筛三道工序，加工成细末状颗粒的茶末，再进行煎茶。具体步骤大概为先将茶饼复烘干燥，谓之"炙茶"；等茶叶冷后，再取出打碎，碾成粉末状，再用箩细筛，筛下茶即成待烹的茶末。饮茶的过程则更加细致，由"炙、碾、罗、煮、育、饮"六个环节构成。值得一提的是，唐人的"饮茶"类似于"吃茶"，和现代有所区别的是，煮好的茶里除了茶香还可能有葱、姜、胡椒的麻辣味，或者有大枣、苏桂的甜香味；加了橘皮薄荷的清凉味；加了酥酪的奶香味，甚至还有肉的油腥味……

第三章 唐朝的美食

煮好一壶香茗，怎能没有点心相衬？龙团凤饼是兴盛于大唐的宫廷茶点，而常与茶相伴相生的糕点饼干，更是种类繁多，除了各种胡饼，还包括当时同样来自西域的葡萄、西瓜等水果。作为宫廷饮品的茶与种类繁多的水果点心一起搭配，更是别有一番风味。悠闲的下午，亲朋好友相对而饮，谈笑风生，岂不乐哉？

在饮茶方式上，唐朝则有煎茶、庵茶、煮茶等方式。唐中期盛行煎茶，陆羽在《茶经》中力倡煎饮法，煎茶法能够保留茶叶最原始的茶香。煮茶法则分为三个阶段，即"三沸"。当水煮到出现鱼眼大的气泡，并微有沸声时，是第一沸，这时根据水的多少加入适量盐调味，尝尝水味，不要因为味淡而多加盐；当锅边缘连珠般的水泡向上冒时，是第二沸，舀出一瓢开水，用竹夹在水中搅动形成水涡，使水沸度均匀，用量茶小勺量取茶末，投入水涡中心，再加搅动；过一会儿，水面波浪翻腾着，溅出许多沫子时，也就是第三沸了，将原先舀出的一瓢水倒回去，使开水停沸，生成茶沫，此时，要把茶沫上形似黑云母的一层水膜去掉，因为它的味道不正。而"三沸"之后，不宜接着煮，因为水已煮老，不能再饮用。煮茶的水不能多加，否则味道就淡薄了。庵茶法则是将茶叶先碾碎，再煎熬、烤干、舂捣，然后放在瓶子或细口瓦器中，灌上沸水浸泡后饮用的，称为庵茶。"庵"字原意为半卧半起的疾病，在此用来称庵茶，是夹生茶的意思。在唐朝庵茶法不仅在民间流传，宫廷中也常用此法饮茶。

唐朝后期，茶不但成为人们的生活必需品和嗜好之物，甚至到了无异于米盐的地位，到了宋朝逐渐有了"开门七件事，柴米油盐酱醋茶"的说法，不论贫贱富贵，从早上一开门开始，"茶"已列入一日生活都离不开的七件东西之一。宋吴自牧在《梦粱录·鲞铺》中写道："盖人家每日不可阙者，柴、米、油、盐、酱、醋、茶。"可见一日不可无茶。

2. 唐朝的皇家宴席

那么大唐宫廷的一日三餐都供应什么佳肴珍馐？身为皇族又有什么特别的美食和供奉？皇帝会不会设有国宴？有哪些家喻户晓的名菜让人垂涎欲滴？接下来一起看看宫廷皇家宴席。

唐朝的饮食文化十分兴盛。在扬州、长安、洛阳、广州等大城市，"街店之内，百种饮食，异常珍满"。不同地区、不同国家的水陆珍馔，应有尽有，因此宫廷及皇室吃得更是极尽奢华。平日里皇帝的饮食自不必说，唐朝还兴起了大臣宴请皇帝之风。由于来自外省和世界各地的美味食材皆汇于此，所以饮食水平相较前朝，可谓进步飞速，涌现出"烧尾宴""杏园探花宴""樱桃宴"等众多著名宴会。

所谓"烧尾宴"，是指一些人进入仕途，或者得到提拔后所举行的宴会，用以答谢支持和培养自己的人。"烧尾"一词就有飞黄腾达之意，韦巨源晋升丞相之后，为了报答唐中宗的厚爱，当然也为了笼络人心，特地为唐中宗设置了"烧尾宴"，其奢华程度，令后人瞠目。"烧尾宴"上，单是有记载的，就有五十八道菜，涉及了熊、鹿、狸、虾、蟹、田鸡等南北方各种珍奇之物，每道菜的制作工序都

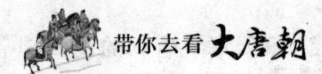

相当烦琐。例如，烧尾宴上的代表作：金齑玉脍。此菜用鲈鱼生鱼片和橙子片搭配，蘸芥末食用；而红羊枝杖就是今天的烤全羊，做法是将腌制好的红羊四肢，固定在仪杖法器上，红羊烤熟后，举杖入场，再由人切下羊蹄的关节处；乳酿鱼就是奶汤锅子鱼，最初的做法是用乳酪腌制全鱼，单是想一想都让人垂涎三尺。

最会吃、最能吃的要数唐玄宗和杨贵妃了。唐玄宗时宰相李林甫曾献甘露羹，羹者汤也，所以这是一款汤菜。据记载，甘露羹中有何首乌、鹿血、鹿筋等。唐玄宗宴请安禄山时有一道菜叫野猪鲊，是将野猪肉去骨煮熟，晾干后切片，再用粳米饭相拌，加茱萸子和食盐调和，用泥封入坛内一月，然后取出蒸熟，用蒜、醋等调食。相应地，安禄山给唐玄宗也献上了一道珍贵的菜肴，叫鹿尾酱，是用鹿尾肉所制。

唐玄宗和杨贵妃最爱吃的一道菜叫驼蹄羹。所谓驼蹄羹，主要原料为驼蹄，今人在制作时又加入冬笋、香菇、松仁等一起熬制，其味更佳。唐文宗时，宦官仇士良家中制作的一道赤明香，就是牛肉鹿肉制成的肉脯，据说其特点是轻薄殷红、甘香浮脆，有点像今天的牛肉干，如四川的灯影牛肉。唐宪宗时，李化酿制了一种美酒，名叫换骨醪，气味芬芳，可谓上乘，换骨醪不知是用什么制作的，宪宗饮用以后，视此酒为上品。晋国公平淮西之乱后班师回京，宪宗将贮于金瓶上盖着黄帕的换骨醪二斗，赐赏于这位平乱的功臣。可见唐朝时的美食也成为皇权的一种身份象征。

这么多的美酒佳肴肯定是有专门的地方负责制作的，负责皇帝和宫廷的饮食机构在大唐有哪些呢？必须要提到的首先是光禄寺。光禄

第三章 唐朝的美食

寺最早是从北齐开始正式设立的,此后一直保留。隋唐时期又开辟了第二个宫廷御膳机构,即殿中省尚食局。也就是说唐朝时掌管宫廷的膳食机构有两个,一个是光禄寺,另一个是尚食局。唐朝光禄寺设卿一人,从三品,掌管寺中一切。卿以下依次为少卿、丞、主簿。光禄寺下设太官、珍馐、良酝、掌醢四署,主要负责祭祀食品、宫廷朝会宴享和京官膳食。太官署除令、丞、府、史等主管人员以外,另有供膳二千四百人,主膳十五人。龙朔二年(662年),光禄寺改为司宰寺。武后光宅元年(684年),又称司膳寺。殿中省下的尚食局负责皇帝的日常膳食。尚食局长官为奉御副手为直长,督办御膳,遵守春肝、夏心、秋肺、冬肾的食禁,呈给皇帝的美味食品,每次需由奉御先尝,看是否有毒。因皇帝嗜酒,因此,宫廷中也设置了专门的酿造机构——良酝署来满足皇家用酒。在胡风饮食的影响下,域外的酒品也开始不断传入,其中最负盛名的当数葡萄酒。唐太宗平定高昌后将葡萄酒引进并得其制造方法,有记载"及破高昌,收马乳蒲桃,实于苑中种之,并得其酒法。帝自损益,造酒成,凡有八色,芳辛酷烈,味兼缇盎,既颁赐群臣,京师始识其味"。

  大唐时期的宫廷膳食花色纷呈,美味翻新。尚食局集中了全国的一流厨师,其手艺之精之美,天下无人能比。相传御膳中制作珍味佳肴要比制作一张旋转不止的薄饼要复杂得多。如珍味浑羊殁忽的做法是:取鹅,去毛,去内脏,鹅内填肉和糯米饭,用五味调和;再取羊一只,去毛,去肠胃,放鹅于羊腹中,将口缝好;然后,放在火上小心烧制。羊肉烧熟以后,取出羊肚内的鹅食之,美味无比。御食的装盘则是用装饰华丽的牙盘盛装的。日常的膳食每餐用九个牙盘盛装

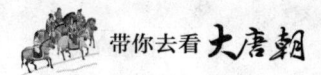

食物，摆盘讲究。御膳中的许多食物取名怪异，和今天的叫法大不相同，如早膳有一种叫作玉尖面，是用消熊栈鹿为内馅做成包子。熊之极肥者叫作消，鹿之倍料精养者叫作栈，所以这种玉尖面包子馅用的是熊肉和鹿肉，而且是以肥肉为主。古人尚肥肉为美味，在宫廷也不例外，所谓肥白为上乘肉，是指熊背部的肥肉部分。

唐朝时除了皇帝外，自亲王至五品官，朝廷均供给肉料。亲王以下至二品，每月有羊20只，猪肉60斤。三至五品只有羊肉而无猪肉，依品阶，数量上又有差异。可以看出羊肉在皇族和中高级官员的肉类饮食中占很大比重。除此以外，朝廷和地方官员们也有专门的食堂，有专门的厨师，而且唐朝的政府食堂也会根据官员的级别不同，在不同的地点用餐，伙食标准当然也有高低之分。其中朝中所设的"廊下食"也为官员们供给羊肉，每日要供3只羊给五品以上官员。官员们平日里除了自己吃，在红白二事宴请宾客时，羊肉也是重要食料，可见唐朝时不管是皇帝还是官员都酷爱吃羊肉。

3. 唐朝普通人的一日三餐

宫廷盛宴毕竟是属于贵族的生活方式，即使是现代人也不会天天十菜八荤。那么唐朝普通平民的日常饮食习惯又是怎样的呢？

唐朝民众以面食为主，其中又以饼为主。饼的种类多达几十种，注意馒头在当时也叫饼，米饭并不是必备的主食。在唐代笔记小说《因话录》里就提到"世重饼啖"。各类史书、小说、诗歌里也经常出现各种各样的饼，比如蒸饼、煎饼、胡饼、汤饼等。

那么当时最常见的蔬菜是什么？不仅是唐朝，古代的蔬菜种类非常少，文字记载的主要有五种：葵、藿、韭、菘、荠。葵即冬葵；藿即黄豆苗的嫩叶；韭即韭菜，今仍用古名；菘即白菜；荠即荠菜。至于蔬菜的做法则比较单调，基本就是煮、蒸、烤三种，并没有炒菜。所以能吃到的蔬菜基本是白水煮菜，营养健康。但当时辛香料还是很多的，常用的花椒、胡椒、豆蔻、桂皮、陈皮都有了；也有些比较复杂的调料，诸如豆豉、豆酱，葱姜蒜也都有了；不过没有辣椒，所以当时的麻辣口味主要是麻而非辣。

肉食则以羊肉为主，在当时吃牛肉是犯法要被重判的，以农耕为主的社会，法律都明文规定保护耕牛，如有供应牛肉的都是黑店，隋唐时期规定：屠牛者判一年。猪肉虽有但不太多。而羊肉膻味大，所以能去膻味的胡椒在当时地位极高，价格也非常贵。唐朝人基本不吃鸡鸭鹅肉。有个脍炙人口的小故事是这样记载的：唐太宗李世民为了防止御史巡查的时候加重各地的负担，便要求御史出巡不能吃肉。马周巡视各地的时候，每到一个地方，一定会要求给他鸡吃。有地方小官便告上京师。唐太宗对此的解释是，他只禁止御史吃肉，但是并没有禁止吃鸡，所以马周并没有犯错。

除了红肉之外，海鲜在唐朝也非常流行，大唐渔猎风气很盛，钓鱼很常见。当时有道非常有名的菜——"切鲙"，其实就是现代的生鱼片。现在赣南一些客家人聚居地都有吃生鱼片的传统，这种传统或可追溯到唐朝。唐朝人把生鱼片叫鱼鲙，不管什么样的鱼都喜欢切成薄片，蘸着蒜、豆豉等生吃。唐朝有许多切生鱼片的高手，刀工出神入化，切出来的鱼片轻薄如纱。市面上还出售教大家片鱼刀法的书籍，叫作《砍鲙书》，类似于今天的"切鱼刀法大全"，非常有意思。书里详细讲解了砧板的选择和使用、原料的选取、刀具的运用、佐料及烹制方法的掌握，等等。《砍鲙书》里还详细列举了做鱼脍的刀法，每一种刀法都起了名字。在烹制鱼类菜肴时，唐朝人用橙齑的特别多，橙齑就是橙子捣烂制成的果酱，是一种用途很广泛的调味剂。王昌龄的诗里就提到"青鱼雪落鲙橙齑"。

除了肉和鱼，还有野味非常丰富。打猎得来的猎物，诸如鹿、兔子、野猪、熊，也经常出现在唐朝人的菜单里。唐朝的饮食文化非常兴盛。在扬州、长安、洛阳、广州等大城市，"街店之内，百种饮

第三章 唐朝的美食

食，异常珍满"。不同国家、地区的水陆珍馐应有尽有。在民间，唐朝人是十分讲究吃的。有的新媳妇一到婆家，首先要向家人展示的是自己的烹调技艺，故唐诗云："三日入厨下，洗手作羹汤。未谙姑食性，先遣小姑尝。"唐朝所谓的"姑"，就是指婆婆，可见，烹调水平如何，已成为唐朝评价媳妇好坏的重要指标之一。如果男人擅长烹调，还能攀龙附凤，得幸于权贵。"光禄少卿杨均以善烹调，皆出入宫掖，得幸于韦后。"不仅如此，还有些美食代表作被记录在史册，有萧家馄饨、庾家粽子、冷胡突、热洛河、生鱼片、皮索饼、驼峰炙、猩唇、熊白、糖螃蟹、鲤尾、对虾、虾生、龙虾、烤全羊、蒸全狗等，多不胜数。

受到盛唐之气影响，大唐的饮食文化总体特征所表现出来的是胡化、养生化、宗教化和艺术化。所谓"胡化"，就是饮食习惯的胡人化。有记载，唐朝贞观二年（628年），"远方诸国来朝者甚众……户部奏：中国人自塞外归，及四夷前来降附者，男女一百二十余万口"。大量外来人口的涌入，不仅带来了胡人的音乐、舞蹈、服饰，同时带来了风格迥异的饮食文化。唐朝上流社会很快出现了一股胡化风潮，王公贵族争相穿胡服、学胡语、吃胡食，并以此为荣。上行下效，很快在民间流行。

大块吃肉、大碗喝酒的习惯风靡各地之后刮起了一股喜食半生不熟食物的习惯。为了保持肉食的肥鲜，唐朝人烹制动物，常常采用一种极其野蛮的烹制方式。例如张易之加工动物肉，先"为大铁笼，置鹅鸭于其内，当中热炭火，铜盆贮五味汁，鹅鸭绕火走，渴即饮汁，火炙痛旋转，表里皆熟，毛落尽，肉赤烘烘乃死"。唐朝人李詹，大中七年（853年）被擢为进士，"平生广求滋味，每食鳖，辄缄其足，暴于烈日，鳖既渴，即饮以酒而烹之，鳖方醉已熟矣。复取驴系于庭中，围之以火，驴渴即饮，灰水荡其肠胃，然后取酒调以诸辛味，复饮之，驴未绝而为火所逼，烁已熟矣"。还有一点是食用乳制品的范围扩大。食用奶酪原本是北方人的传统习惯，南方人是基本吃不习惯的。唐朝时，奶酪却出现在南方人的饭桌上。白居易诗云："稻饭红似花，调沃新酪酱。"这里"红似花"的米饭，指用南方特有的红米煮成的米饭。酪酱，即牧畜的乳汁。这说明南方和北方都有饮食乳制品的习惯。唐朝人偏爱奶制品，与其营养价值高，可以强体健身有关。唐朝人之所以能长得高大威猛，丰腴妖艳，可能与其饮食习惯关系甚密，从而产生女子以胖为美的审美观。

此外，儒、道、释三教并行，文化相互争鸣，共同发展，极富活力，对美食也产生了一定的影响。当时道教发展迅速，基本上具备了与儒教、佛教并驾齐驱的实力。道教的勃兴，极大地推动了养生文化的发展。药膳和药酒大量出现，如紫米粥、团油饭、橘皮汤、人参汤、阿胶汤、绿豆汤、莲子粥和各种肉羹，药酒则有椒葱酒、海藻酒、钟乳酒、五精酒、五加酒、地黄酒、枸杞酒、乌麻酒、苍耳酒、菊花酒等。用水果养生美容和饮茶的普及也成为唐朝的另一种风尚。

4. 唐朝的奇妙甜品

大唐的甜品种类繁多，让人眼花缭乱，按照材料大致可以分为三类，一是水果做成的甜品，二是面粉糕点类，三是网红冰镇甜品。其中最受女性青睐的水果甜品是奶酪浇鲜樱桃；唐朝人宴请中用到的最风靡的糕点类甜品是冻酥花糕；上层阶级的宴席受到追捧的则是奶油冰激凌甜品——"玉露团"和半透明的"透花糍"。

大唐北方人民所能享用的水果有桃子、李子、杏、葡萄、石榴、樱桃等为数不多的几种水果，由于交通运输不如现代发达，南方的水果北方比较难见到。在这些水果之中，樱桃最为唐朝人所看重。每年第一批樱桃成熟的时候，皇帝还会在祭祀宗庙之后赏赐一些给下面的诸位大臣，能得到皇帝赏赐的樱桃也是荣耀的象征。王维就写过《敕赐百官樱桃诗》，来向皇帝表示谢恩。

唐朝人口味比较重，春天吃新鲜樱桃的时候，喜欢浇以蔗浆，增加其甜度。实际上，蔗浆浇樱桃是唐朝长安春季最受追捧的高档甜品之一，甚至在百官上朝之后的享用甜品里，它出现的频率也是非常高的。唐朝人品尝樱桃，还有一种非常流行的方式，就是以奶酪浇到鲜

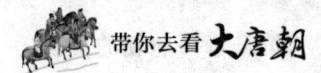

摘樱桃果上，同时配浇蔗浆，简称"酪樱桃"，酪樱桃堪称春季的主打甜品，这里所配的"酪"是未经风干的鲜奶酪，状态接近现代的酸奶，呈半固态、凝冻状。吃樱桃的时候把这样的乳酪像浇卤一样，浇到鲜红的樱桃上。以鲜乳酪的厚重滋润相配初熟樱桃的鲜甜多汁，再辅以琥珀色的冰蔗浆，其口感之美，可想而知。除此以外，还有一种以樱桃主打的甜品叫作樱桃饆饠。它是以樱桃为馅料，外皮面皮做至半透明，蒸熟装盘后，皮内的樱桃果色不变，紫红如初，在薄薄的皮内若影若现。可见唐朝人对樱桃的喜爱之深。

《杨太妃外传》中有这样的记载：唐玄宗晚年因为过度思念杨贵妃，无心饮食，在这种情况下，"张皇后进樱桃、蔗浆，圣皇并不食"。这个似乎一带而过的情节，其实涉及唐朝甜品的重要信息。唐朝人最看重的甜味剂就是"蔗浆"。唐以前，麦芽糖和蜂蜜是主要的甜料，从南北朝时期起，甘蔗及其制品开始传入中国。只是当时制糖技术并不完善，唐朝人只会把甘蔗汁经过晾晒、熬煎做成浓缩的甜浆，称为"蔗浆"，保存在缸、罐一类容器里，宫廷还会将大量的蔗浆存入冰窖深处，以便长期保存。于是，讲究的甜品都是靠浇上蔗浆形成，如王维就有"蔗浆菰米饭"之句。

除了水果制作而成的甜品外，大唐百姓十分看重"酥"制的甜品，重要宴会上一定会有精致的大型冻酥花糕。其中最流行的是酥山，说起来有点神奇，其制作工艺称为"滴酥"，竟颇接近今日向蛋糕上挤奶油裱花的方法：将酥微微加热到近乎融化，拌入蔗浆或蜂蜜，然后由妇女们拿在手里，向盘子一类的器皿上滴淋，一边淋一边做出造型。甜酥"淋"成山峦起伏的形状之后，经冷冻定型，便会牢牢地冻黏在盘子上。在连盘端上宴席之前,还会插些假花作为装饰,和今天的摆盘有一拼,看上去色香味俱全,引人垂涎。

酥山可以采用本色的白酥制成,状如雪山,但也常常染成红色或绿色。实际上,人们常喜欢采用染成粉红色的"红酥"制作精品"奶油冷冻花点"。韦巨源拜尚书令,曾经向唐中宗、韦后进献"烧尾宴",其中有一道"贵妃红",旁注"加味红酥",便明确显示这是一种用掺有香料的红酥制成的甜品。席上还有一道"玉露团",旁注"雕酥",则是把冻酥加以雕刻,形成精美的艺术化造型。

要知道唐朝时糯米与面粉、豆粉制作的甜品就已经非常发达了。惊人的是,当时可能出现了细腻的豆沙。《云仙散记》中就记载说,虢国夫人府上有一位叫邓连的厨艺大师,他滤掉熟豆泥中的豆皮,制成豆沙,美名"灵沙臛"。同时,将上好糯米捣打成糍糕,夹入灵沙臛做馅,还巧妙地将这豆沙馅塑出花形。经他巧制,糍糕的糕体呈半透明状,于是豆沙的花形得以隐约透映出来,因此叫作"透花糍"。唐朝人很善于把点心做成半透明状,在满足唇齿享受的同时也提供视觉美感。晚唐时一位名为韩约的士大夫,其家精于美食,尤其以刚才提到的"樱桃饆饠"闻名遐迩。

还有一种把米粉染成多种颜色,做成七彩拼成的花糕,叫作"米锦"或"虹桥"。重阳节时必吃的即这种多彩的"米锦"。另外,用面粉做成的甜品亦是丰富多彩,包括烫面与发面两种,往往以豆泥或枣泥做馅。另外,油炸食品也很发达,叫作"寒具",韦巨源所献的烧尾宴上即有一道叫作"巨胜奴"的"酥蜜寒具",据说"巨胜奴"以面揉蜜,入油锅炸制而成,面薄如纸,咬上一口,声动十里,

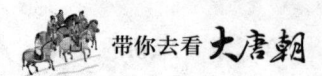

香脆非常，大致近似后世的糖麻花。当时有种夸张的说法，质量最好的寒具一旦入口咀嚼，其破碎的声响能"惊动十里人"，可见是何等酥脆。

唐朝不仅皇家冰窖、官府冰窖发达，民间私营的商业性冰窖也不少见，于是甜食也随着季节不同而相应变化，到了夏季，便会有冰制或冰镇的美味助人消暑。例如，逢到盛暑天气，宫廷中会做一种"清风饭"，是用糯米饭、龙睛粉（可能是琼脂）、龙脑细末与牛奶一起拌匀，垂到冰井深处加以充分地冷冻，形成一道清爽可口的祛暑冰点。民间则流行把冰块敲碎，浇上蔗浆，制成类似刨冰的冷食。

由于大唐甜咸糕点都十分普及，唐朝不仅出现了以点心著称的名厨师，还出现了专营各式糕点的"糕坊"即点心店。新疆阿斯塔那唐墓出土有面制糕点的风化遗物，其中包括千层糕，也包括做成花形、叶形的点心，让人们在今天依然能够一窥唐代美食的精巧与丰富。除了甜品之外，还有三种唐朝人常吃的甜品，赐绯含香粽，即将糯米包成粽子，蒸熟后，去掉粽叶，置于盆中，用丝线或者竹片切成薄片，淋上蜂蜜或者蔗浆；槐叶冷淘，即将和了槐树叶汁的凉面，放入深井或者冰窖中冷藏，碧绿清香，沁人心脾；见风消，即将糯米面皮烤熟、风干，再用油炸而成。此糕点被风吹一会就会塌蔫，故叫它"见风消"。唐朝甜品的种类繁多，配方讲究，不禁让人垂涎欲滴。

通过这些丰富的甜品，从侧面印证了当时人们生活水平的高度和生活消费需求的多样化，也显示出大唐富足的国力和繁荣的经济，生活在唐朝的子民也真的是拥有其他朝代无法比拟的幸福。

5. 唐朝的酒文化

除了美食饮茶外，唐朝人日常生活离不开酒，尤其是热爱饮酒的诗人大家，流传下来有关酒文化的诗句数不胜数。那么随着唐朝经济的繁荣，酿酒业日益兴盛，名酒辈出，并且形成了唐代浓厚的饮酒风俗。

唐代的酒是用酒曲加酿酒的原料和水自然发酵酿成的。酒的度数也并不高，蒸馏酿酒法是宋元时期才发明的，所以，唐朝时所酿的酒其实就是依靠酒曲然后再加上一些谷物的自然发酵才制成的，跟现代的黄酒是差不多的。酒熟后，酒瓮上面有一层无渣滓的酒液，北方称为"瓮头酒"、江南称为"缸面酒"，可以直接饮用。但是大量的酒液是和酒糟混在一起的，因此最显著的特点就是浊，浊酒说的也就是这种酒，而且是有一点发绿的，饮酒时必须用滤酒器具插在酒瓮中压取。初熟酒压取饮用时，酒液中浮着一些"酒蚁"，饮用时，常常还要用葛布制成的头巾再过滤一遍。但浊酒的口感相比现代是甜的而非辣的。

唐朝时饮酒的主要场所是酒宴，也是大唐最为普遍的饮酒场所。

若朝廷因喜庆加冕、册封、庆功、祝圣寿、点元和节日的赐宴,那么必定有美酒佳肴作陪;若是官僚缙绅士大夫之间的社交宴会,社交有酒也好谈事;还有就是各阶层的家宴和便宴了,即使是最普通的百姓家宴,也离不开酒香的点缀。除了宴饮用酒,街坊中还有酒店,酒店又称之为"酒肆""酒楼""酒家"等,分布在城乡各地。酒店招徕客人的传统方式是悬挂酒旗,唐朝诗人皮日休的《酒旗》中写道:"青帜阔数尺,悬于往来道,多为风所飏,时见酒名号。"记载了唐代酒旗的尺寸、颜色,除此之外,那时还有在酒旗上面写本店所卖的酒的名号的习俗。另外,酒店吸引客人也会选用妙龄女子当垆卖酒。除了酒店外,住旅店的时候可以过把酒瘾。大唐的旅馆称之为"驿馆"。驿馆备有酒库,供住宿者畅饮。最初备有佳酿的驿馆不准百姓进入,否则"答四十",但到了开元年间,便有了"东至宋、汴,西至岐州,夹路列店肆待客,酒馔丰溢"的民间旅店,这是商旅者饮酒的主要场所。

那么,在大唐任何时间都是可以饮酒的吗?大唐子民在节日期间饮酒是庆祝节日非常普遍的方式。每年过年、正月晦日、中和节、寒食日、上巳日、端午节、重阳节、腊日等,家家户户都会备酒庆祝。过年饮的是柏叶酒、屠苏酒,中和节饮中和酒,端午节饮菖蒲酒,重阳节饮菊花酒,其他节日饮酒类别没有特别明确的习惯。每逢社日即春社和秋社(春社是在立春后的第五个戊日,秋社是在立秋后的第五个戊日),大家合祭社神(土地之神)和谷神的时候,唐朝人便会痛饮而醉酒,一方面是沿袭古俗,祈求或庆贺丰年;另一方面也与唐王朝的规定有一定关系。《旧唐书·高宗本纪》记载唐高宗咸亨五年

第三章 唐朝的美食

诏曰:"春秋二社,本以祈农,如闻此外别为邑会,此后除二社外,不得聚集,有司严加禁止。"由此可知唐朝人在可以自由聚会的社日拼命痛饮的原因了。除此以外还有饯行饮酒。饯行指的是送别的宴席。唐代饯行饮酒的诗在《全唐诗》中占很大的比例,诗人纷纷以离别饮酒为意象作诗,也表达了唐朝人的风俗。那么不得不提的是,唐代设有专门的饮酒日,叫作大酺日,也称赐酺,这是古代皇帝因改换年号、册立太子、公主出嫁和吉兆等国家大喜事而下诏,特准许臣民聚饮的日子。大酺日的时间长短不一,有三日、五日、七日和九日之别。因此每逢大酺日,有条件的百姓便聚在一起畅快豪饮,好不痛快。

很有趣的是,唐朝人早就将喝酒与游戏结合,或吟诗作赋、翩翩起舞、高歌一曲,而这种游戏的方式称之为"酒令"。唐朝人喝酒,跟现代人去聚餐玩桌游的性质差不多,属于消遣时光的方式。他们常呼朋引伴,开展一场热闹的酒筵,参加人数不拘,以20人一组,多多益善。

酒宴上多行酒令,有引用经史的句子集成的雅令,有妙趣横生的绕口令,有简便快捷的骰子令,又有即席吟咏的诗令。细说划分酒令种类非常有意思,例如射覆划拳,就是隐藏某物令对方猜,如果对比一种现代游戏,大概类似"你画我猜"的游戏;口头文字,就是将文字拆解,组成新的文字。比如"军"字取出中间柱,搓作一团放在顶上变成宣。如果想不到,就罚一杯。掷骰子就是有人说一个数字,比如"1",则每人掷一次骰子,掷中"1"的可以不用喝,没有掷中"1"的当罚一杯;筹令是玩抽签,抽签者需按签文要求进行饮酒。还有一种酒令称为纸帖子。玩法是桌上摆上四种牌：司举、秘阁、隐君子、士令。抽到司举的，亮牌，相当于主公，需要在众多喝酒的人中找到持有隐君子牌的；抽到秘阁的，隐牌，但是他是辅助司举的卧底；隐君子则想方设法隐藏自己的身份，否则就要被罚酒；士令则故意误导司举、秘阁，如果他们选中自己，就是踩雷了，就要喝酒。急口令则是绕口令。苏轼的《戏和正辅一字韵》记载：故居剑阁隔锦官，柑[gān]果姜蕨[jué]交荆菅[jiān]。奇孤甘挂汲[jí]古绠[gěng]，佼[jiǎo]觊[jì]敢揭钩金竿。已归耕稼供藁[gǎo]秸[jiē]，公贵干蛊[gǔ]高巾冠。改更句格各蹇[jiǎn]吃，姑因狡狯[kuài]加间关。怎么样？是不是很难？说错了则要喝酒。击鼓传花在唐朝时也是一种酒令，在当时被称为抛打令。随着音乐声起伏，众人传递绣球，当音乐快接近尾声时，绣球可以无秩序地抛来打去，谁最后接到绣球，谁就要罚酒一杯。最后还有歌舞令，在大唐，艺术小舞称为主流，在宴席上非常流行。当美丽的女子跳舞至某人面前，那个人就必须得喝杯酒，甚至还要接一段舞蹈或者唱歌。

行酒令时，输者肯定是要被罚酒的，执掌酒令与罚酒的人叫酒纠或录事。除了罚酒外，有时酒宴宾客也会互相敬酒，敬酒也叫送酒、劝酒。其主要特点是歌以送酒。送酒的歌者多为陪酒的姬妾歌妓，也有主人唱歌为客人送酒或者主客相互送酒的形式。歌以送酒有清唱，有边歌边舞，也有伴乐器而歌者。送酒诗多是当时流行的词曲，唱王昌龄、王之涣、白居易、李益等人的诗或乡土小调以增加气氛。

第三章 唐朝的美食

　　由此看来，唐朝人十分善于饮酒享乐，这也是盛世大唐的风气所在。难怪从那时就有"把酒言欢，莫使金樽空对月"等诗句流传至今。

第四章

享誉盛名的大唐建筑

　　唐朝时期的建筑样式有着非常大的发展，尤其以在佛教影响下的佛塔、寺院和园林为突出代表。由于唐朝国力的强盛，其建筑风格甚至影响到日本、韩国及东南亚。

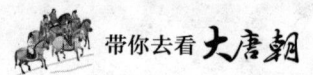

1. 富丽堂皇的大明宫

大唐在世界上享誉盛名的不仅仅是政治、经济和文化，对其他国家的影响甚至还体现在建筑风格、城市建设等种种细节上。

大唐的建筑是非常有特色的，可谓古色古香，富有韵味。当时的皇城建筑群可以用规模宏大、规划严整来形容。唐朝建筑不仅享誉世界，影响了当时东南亚的建筑风格，也为后来明清宫殿群的修筑提供了依据。

唐朝都城长安，面积约为83平方公里。长安是当时世界上最著名的城市，其城市规划也是中国古代都城中最为方正、严整的。长安城内的大明宫占地3.5平方公里，范围即相当于明清故宫紫禁城总面积的3倍多，被誉为千宫之宫。如此宏伟的建筑足以证明唐代建筑发展到了一个成熟的时期，甚至可以说完整的建筑体系已在此时形成。那么先来介绍一下皇帝和官员所居住的宫殿。

都城长安有三个宫殿区，分别是太极宫、兴庆宫和大明宫。这三个宫城不是同时建造的，皇帝们在不同的时间分别入住三个宫城，其中最早使用的要数太极宫了。太极宫兴建于隋代，当时称为大兴宫，

第四章 享誉盛名的大唐建筑

也是皇帝居住的正式宫城。太极宫的正门为承天门,太极宫的前殿为太极殿。每逢元旦、冬至、大赦天下等重大节庆日及外国使臣来朝,皇帝便登承天门主持盛典,设宴奏乐。太极殿则是皇帝朝见群臣、处理政务的地方。兴庆宫的前身是唐玄宗即位以前的邸宅,唐玄宗即位后,将此地扩建,形成又一个宫殿区。兴庆宫的规模不及太极宫、大明宫,但装修极为华丽,唐玄宗时期成为皇帝听政与生活的中心。唐初的两位皇帝主要居住在太极宫,但安史之乱后,皇帝大多数开始移居大明宫。大明宫原是一座避暑用的宫殿,唐高宗中年因患风痹病害怕潮湿,便移住到凉爽干燥的大明宫内,扩建后的大明宫从此成为唐帝王的主要居处。以大明宫为代表的唐朝宫殿建筑群代表了当时皇家建筑的精湛技艺,现在就来走进大明宫,一览唐朝皇家建筑群的美轮美奂。

就地理位置来说,大明宫坐落在长安城区东北处的龙首原上,701年正式更名为大明宫,从此一直延续使用。安史之乱后,大明宫完全替代了太极宫成为皇帝常驻的宫殿和长安城的政治中心。它的南部呈长方形,北部呈梯形,面积约3.2平方公里,共有11个城门。丹凤门是正门,也是最大的城门。丹凤门前有宽176米的丹凤大街。

大明宫主体建筑建于高台,布局高低起伏。从丹凤门到紫宸殿,地形逐渐上升,从丹凤门到含元殿(外朝)再到宣政殿(中朝),最后到紫宸殿(内朝)形成了呼应的三大内,中轴线由低至高则表示官员对皇帝尽忠的象征性地升阶,像这样的宫殿群设计则被后朝继承。唐早期时,皇帝常居住的太极宫和官署是划分开的,除一部分官署外,宫殿和官署并没有大量集中在一起。但是大明宫内官署和宫殿混

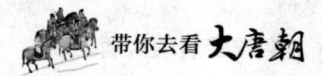

合在一起的特征尤为明显,集中于以内廷为核心地的紫宸殿周边。

紫宸殿是皇帝的内廷,面对紫宸殿,可以看到西边有延英殿—左藏库—内侍省—集贤院—麟德殿—翰林院—右银台门—含光殿等建筑,东边有浴堂殿—枢密院—宣徽殿—左银台门等建筑。这些建筑都是唐后期行政、财政、军事的重要机关,也是皇帝的直属机关。之所以这样设置建筑群是皇帝的命令可以有效地执行,是当时中央集权的一种外部体现。

进入大明宫正门丹凤门,首先映入眼帘的便是气势恢宏的含元殿。含元殿是举行大型朝会及册封受贡等各种仪礼的主要场所。与之前举行朝会的太极宫承天门前的广场相比,含元殿的空间规模及建筑设计要奢华得多。含元殿以南是宫城南部,含元殿到紫宸殿为中部,紫宸殿以后则是宫城后部,后部就是后宫于园林风景区的分布之处。麟德殿也同紫宸殿一样在高台上,唐后期外国使节谒见多在于此。大明宫的建筑构造,扩大了唐朝举行的朝会、朝贡使节谒见、科举考生谒见及千秋节等诸仪礼的规模。

大明宫内,有许多建筑名称都和道教有关,比如蓬莱殿、蓬莱池、重玄门等,这些名称其实意味着唐朝时期道教在唐朝发展迅速。到了唐玄宗开元二十九年(741年),在大明宫前边大宁坊西南隅,由于祭祀老子的太清宫建成,因此在王朝仪礼过程中,加入了参拜老子的仪礼。744年则以术士的上奏为契机,东郊日坛东开始设立九宫贵神,它也跟太清宫一样被纳入了大祀。

大明宫以及唐代的宫殿群可以这么理解,它们其实是一座宫城,古代都城一般来说分为外城、内城和宫城三部分。外城居住的是平民

第四章 享誉盛名的大唐建筑

和官员，内城则不仅是居住的场所，还可以处理公务，另有军事防卫功能，由于建在长安城东北的城墙外边，自然要比太极宫、兴庆宫更重视防卫。大明宫的北城墙是玄武门以及重玄门，牢牢把守着内城；除了防御功能，花园、湖泊、亭台楼阁都扮演着娱乐功能的角色供皇帝游玩。

总的来说，大明宫建筑群是唐代建筑的精品制作，也可以从中看出唐代建筑设计的整体风格。一是组群层次有序分明，错落有致，建筑一般呈方形，最中为正殿，也称为前殿，前殿后面是后殿；二是布局严密方正，气势磅礴，大明宫就是其中的典型代表；三是建筑取材和建筑技艺的高度发展，木头、砖瓦、石料等材质都被用于建筑架构和设计。因而大明宫设计的精巧复杂象征着唐朝建筑达到了一个新的高度，也为后来明清宫殿的建设做了良好的铺垫。

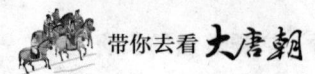

2. 唐风建筑对日本的影响

介绍了大唐皇家建筑群的典范——大明宫后，再从外部视角看看大唐在海外的深远影响，以日本平城京的布局为例，辅以日本佛教建筑式样的演变来进行解释。

奈良北部的平城京建于708年，也就是元明天皇和铜元年，710年日本都城由藤原京迁都于此。平城京为日本都城共70余年，这个时间段就是日本历史上著名的"奈良时代"。此期间社会经济快速发展，奈良受中国盛唐文化的影响，出现了日本第一次文化全面昌盛的局面。平城京不仅是当时日本的政治、经济和文化中心，而且它与唐长安城同为8世纪中日两国友好往来的中心城市。从整个城市布局上看，平城京仿制唐长安城是不言而喻的。

那么日本具体是什么时候开始受到大唐的影响呢？645年开始的大化改新是日本学习唐朝文化的重要开端，自此日本开始引进唐朝的体制，并且推广佛教。但在此之前，中国已经开始影响日本了，早前随着对中国文化的系统学习，佛教传播的深入，在588年修建的飞鸟寺中，建筑物便呈现出中心对称的特点。日本早期的建筑和城市布局的

第四章 享誉盛名的大唐建筑

确是受到隋唐文化的巨大影响,当时的皇宫、城市、佛寺甚至神社都是如此。最明显的特点是坐北朝南,以明确的中心为准左右对称。

在唐长安城内,面对朱雀大街会发现,它作为中轴线完全居于全城的中央,将全城匀称地划分为东西两城:东城是万年县,西城则是长安县。东城和西城的坊市配置情形几乎完全相同,因此在游览的时候非常规整。在中国的历代都城之中,只有唐长安城不仅其区划完全是东西对称的,而且东西两城分属于万年、长安两县。而在平城京则会看到几乎相似的城市规划格局:左右两部分分属于左京和右京。

就平城京而言,除宫城内的正殿称"太极殿"之外,宫城南面正门"朱雀门"以及"朱雀大路""东市"和"西市"等街路、商市之类亦都采用唐长安城中相应处所的名称。平城京、平安京的宫殿、佛寺等高级建筑物的结构和样式,小到柱、壁、屋顶等,基本上都与中国唐代都城中的建筑物一样,可以说是微缩版本的长安城,可见当时大唐对日本的影响之深远。

而平城京的唐风建筑,仅从建筑外观来看,仿佛就是长安佛寺的翻版。中唐之前的建筑做法就开始东传日本,奈良时期唐代木构建筑做法开始传入,后自平安时期以来又经过了长时期的本土化发展,形成了"和样"的重要建筑式样,就是说日本本土的建筑风格和唐朝建筑式样兼容并蓄,透过"和样"依然可以看出唐朝建筑的风格。

日本建筑上最著名的要数木造建筑法隆寺了,它是整个东亚现存的最早木造建筑。它的存在实际上反映了中国南北朝到隋朝时候的建筑特点。法隆寺不仅古老,而且标志性的特点是"一塔一金堂"的"伽蓝配置"。所谓伽蓝配置是佛教寺院的布局方式,更早的时候是

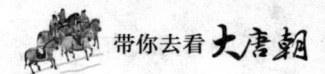

没有金堂这种建筑的，随着中国开始造佛像，达官贵人会把自己家的大堂捐给寺院用来摆放佛像，后来逐渐演变出"金堂"。所以这种"一塔一金堂"的模式非常古老，也就是说法隆寺的木质构造实际上在一定程度上反映了日本学习中国的时间其实早在唐朝之前就开始了。

提起赫赫有名的唐招提寺，便不得不说到鉴真。要是说玄奘的西行是为了游历诸国求得佛学真谛，那鉴真的东渡就是不折不扣被佛家普度众生的信仰驱使的。日本佛教自百济传入开始，一直就缺少律令，不少人都是混饭吃的。为了规范僧侣队伍，也为了皇族的权威，远在浙江的知名律宗大师鉴真就摇身一变成为日本进行佛教改革的最佳人选。他在官府、寺院以及自然灾害的不断阻拦及眼睛失明的情况下，终于在第六次东渡时到达了日本的萨摩。

鉴真到达萨摩后转行奈良（平城京），孝谦天皇亲自迎接并封鉴真"大和尚"，日本本土佛教势力激烈反对，鉴真与本土派开始在兴福寺公开辩论，最终众人被折服，舍弃旧戒。鉴真在东大寺起坛，为皇族以及500名僧侣受戒。随后鉴真被封为"大僧都"，成为日本僧侣之首。后来鉴真领受了新田部亲王的官邸，于是他的弟子们修建了唐招提寺，寺内的金堂为鉴真亲手所做。唐招提寺在后来的镰仓时代大修理之后，也融入了日本建筑的风格，日本人将其加高，梁架完全改换为小屋组。如果单纯地看斗拱、开间、进深，几乎和中国仅存的三座唐代大殿建筑之一——佛光寺大殿一模一样。佛光寺整座大殿造型古朴，气势巍峨，斗拱雄大，出檐深远，是典型的唐代建筑。因此可以看出来，唐招提寺在没有再度修葺时的早期的修建风格是模仿唐时建

第四章 享誉盛名的大唐建筑

筑而建造。除了佛光寺大殿，中国现存最早的木结构建筑是五台南禅寺大殿。

但有一点是必须要提到的，日本建筑在飞鸟至平安时期即便是参照唐代建筑所制造，但由于工艺、材料的限制，其实两者还是有很大的区别的。而在日本传统建筑中，唐风建筑主要集中在佛教建筑之中，而在神社建筑以及贵族的宫殿建筑中则依旧是和风式样。

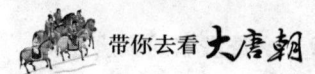

3. 长安城的佛教寺院

众所周知，佛教是从印度传入中国，盛唐佛教的传播发展到了鼎盛时期，尤其是在长安城。一般来说，佛教的庙宇统称为寺院。一寺之中可以有很多院子，建筑规模较小的寺便称作"院"。寺院是僧侣生活居住的地方，也是他们坐禅、念经、布法的主要场所，出家僧人的衣食住行都离不开寺院，民众烧香拜佛，祈求佛祖保佑，也大多在寺院进行。而寺院的建造和平日僧侣生活的维持及各项开销，都需要当地政府和民众提供经济上的支持。不仅如此，寺院的数量可以反映居住的僧侣人数多少及佛教活动是否频繁。《大唐新语》中就记载了玄奘返回长安时万人空巷的场景："贞观十九年二月十五日，方到长安。足所亲践者一百一十一国，探求佛法，咸究根源。凡得经论六百五十七部，佛舍利并佛像等甚多。"

盛唐时，全长安城的佛寺数目之繁多，分布之广泛，规模之宏大，以及兴建佛寺所花费的金银之不计其数，都能证明佛教对唐朝的影响深远。寺院的建立是需要被批准的，有一定的配额。经朝廷允许后，佛寺的建设一般有三种：第一种是为皇帝和皇后所建立的，也是最高等级的佛寺；第二种就是各州按照一定标准所建造的寺院，如开元寺，其规格可以按照宫殿的规格建造，规模较宏大；第三种是诸王、贵族、富商等出资建造的佛寺，这样的佛寺可依据建造者的财力而造。这三种佛寺都是合法的，是国家批准享有配额的佛寺。不合规定违规建造寺院在唐初是要被责令拆除的。

不仅如此，盛唐也是当时佛教文化传播的中心国家。根据历史记载，长安城大大小小的佛教寺院有上百座，甚至在《〈唐长安佛寺考〉补》中记载多达174座，它们分布在长安城东西南北的各个角落，成为京城的一大盛景。寺院的坐落又以西市和东市附近最为密集。因为西市是非常著名的国际贸易的中心，商贾集结，业务繁忙，外国人往来如梭，热闹非凡；而东市则是当时唐朝的贸易市场，是手工业的制造中心，虽比不过西市之兴盛，但也是街坊必逛之地。所以东市的佛寺相比西市还是相对稀疏的"十族之乡，百家之间，必有浮图"。日本僧人甚至有言："长安城里坊内佛堂三百余座。"可见漫步在城内，佛寺佛塔随处可见。整体而言，佛寺的分布呈现出北边密集，南边稀疏的状态。

要注意区分的是，最初印度的佛教传入中国，建筑多是以佛塔的形式呈现，结构单一，占地面积也较小；随着唐朝的发展以及佛教的兴盛，佛塔逐渐往佛教寺院的方向发展，此时的佛寺包含一个长方形或者正方形的院子，占地面积相比以前较大，尤其是京都长安的佛寺，气势恢宏。长安城大型、正规佛寺的建筑一般是这样的：整个寺院整齐规整，穿过山门，能看到钟楼、鼓楼，紧接着迎面而来的就是天王殿，走完整个寺院的前殿就进入了后方恢宏别致的大雄宝殿。大

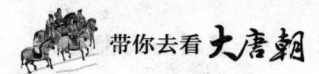

雄宝殿俗称大殿,是整个寺院的正殿,也是最重要的建筑。现代很多佛寺中的正殿都叫作大雄宝殿。宝殿里的高僧正在念经,旁边还有各种各样的人在膜拜,其中甚至不乏外国人的面孔。参观完大雄宝殿,穿过殿堂,紧接着就到了法堂和藏经阁。它们的东西两侧则是伽蓝殿、祖师堂、观音殿、药师殿等殿堂,这样对称的殿也叫配殿,一般来说,配殿布局整齐规整,坐落在大殿的两侧。寺院的东侧则是生活区,有僧房、斋堂、香积厨、库房等,寺院僧人在这里吃饭、休息。寺院的西侧是接待区,若有外人登寺拜访,则会在这里与寺院主人见面。

唐朝时期寺院的显著特征有以下几点:首先主体建筑中有明显的纵向中轴线,不管荐福寺也好,观音禅寺也好,都有明显的对称布局;其次,在主体建筑两侧排列着若干小的院落,其实就是配殿;再次,佛塔的位置由全寺中心逐渐独立出来;最后,是寺院生活区得到了扩展,寺院的占地面积更为广阔。

唐朝时的寺院除了是重要的宗教场所之外,实际上还扮演了很重要的世俗生活场所,和百姓的生活密不可分。甚至寺院扮演着公园、博物馆、戏院这样的角色,非常有意思。如果想看一场戏,就可以去位于长安城中心位置的荐福寺,因为它是长安城的戏场之一。

除此之外,著名的寺院还有很多,比如坐落于长安街长乐坊的大安国寺,它可以说是当时人气最高的寺院,不仅高僧云集,活动多,且汇集了非常多的名家绘画作品。唐懿宗甚至还微服私访游览过安国寺,这说明百姓也是可以进入寺院进行游览,观赏壁画的。若想知道西域佛寺是什么样子,那可不能错过赫赫有名的大慈恩寺。大慈恩寺

第四章 享誉盛名的大唐建筑

在唐朝时也是颇具名气。玄奘按照西域佛塔的样式精修了大慈恩寺。除了各类名画古迹之外，佛寺本身的精巧奇妙就让百姓们争相游览。《两京耆旧传》中有记载："寺观之中，图画墙壁，凡三百余间，变相人物，奇综异状，无有同者。"长安城的百姓游赏寺院的场景非常壮观，要是身处其中肯定是摩肩接踵，热闹非凡，文人志士也被名家绘画作品吸引，常常结伴游赏大慈恩寺。

佛教寺院作为唐朝长安城密不可分的一部分，扮演着十分重要的角色。看大唐盛世，可千万不要错过对佛教、寺院的了解，它不仅仅是盛唐文化的彰显，也从侧面折射出唐王朝的综合实力。

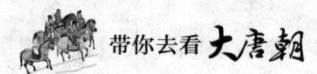

4. 史无前例的大唐园林

长安城坐落于关中平原，背靠秦岭山脉，水资源和林木资源比较丰富，古有"八水绕长安"一说。天然地理的优越地势和条件为园林的产生和发展奠定了基础。园林的发展从周朝就开始了，它一直象征着皇权的独一无二。到了唐朝，皇家宫苑园林在数量、规模和质量上都达到了我国皇家园林的最高水平，反映了大唐繁荣的物质和精神文化。由于整个城市规划布局规整，里坊制度的确立，以及唐朝兼并天下，包容并序的气度，园林逐渐成为各个阶层都能够游赏玩乐的场所，庶民百姓皆可参观游玩。园林不仅成为长安城的点缀，也赋予整座城市浓厚的文人色彩，科举制度施行后，隐逸风气开始在文人圈子里盛行，于是到了唐代后期，士人园林开始逐步兴起。

唐朝长安的园林大致分为几种类型，首先按位置可分为城内园林、城郊园林以及陵园园林。城内园林分布在长安城的东北部和南部，主要是皇家贵族的私人园林和寺观园林；城郊区则是大型的公共园林；陵园则多分布在长安附近的风水宝地。按功能来分类，大致可分为皇家园林、私家园林、寺观园林、公共园林四大类。

第四章　享誉盛名的大唐建筑

皇家园林指专供皇帝游憩的皇宫御苑，属于皇帝个人或皇室所有，一般称为苑、囿、苑囿、宫苑、御苑、御园等。皇帝在园林中可以举行朝会、处理政务、召见大臣等，有时候还会宴集、骑射、祀祖、礼佛等。因此，皇家园林作为帝王的行宫和御苑，在国家政治生活中扮演了重要角色。不仅如此，皇帝办公、生活之余也可放松身心，一览园林美景，那么著名的皇家园林都有哪些呢？比如说名气十足的"三苑"，包括禁苑、西内苑和东内苑，是皇帝游幸赏景、骑射狩猎的地方。唐顺宗在禁苑"尝侍宴鱼藻宫，张水嬉，彩舰雕靡，宫人引舟为棹歌，丝竹间发"。禁苑甚至兼有囿的功能，相当于皇家动物园，驯养有野兽、马匹，苑的东北部有虎圈，也有园圃的功能，可以理解为皇家植物园，甚至提供一部分农作物供餐饮使用。除此以外，这里也可以进行狩猎、放鹰。还有一些非常有趣的娱乐活动，比如说在皇家园林中举办马球比赛、兴办皇家艺术学校、举行戏曲表演等，活动非常丰富。

除了皇家园林外，寺观园林可能是长安城里最多的园林景观了，毕竟寺观园林是以长安城大大小小的寺院为核心环绕的园林景观。寺院大多是古树参天、古朴雅致的样子，由于寺院平时都是对百姓开放的，充满了生活气息，尤其是每到宗教节日，寺院还会举行各种法会、斋会、布教、讲道等活动，前来参加的百姓不计其数，运气好的话，能看到表演，甚至商人在这里买卖商品，或举办慈善活动等。

值得一提的是，长安城的私家园林更为兴盛普及，王侯公主、达官显宦、富商巨贾和文人、士大夫都在长安城内广营私家园林。唐长安城内的私家园林数量较多，多达140余处，分布在58个坊内。有这样

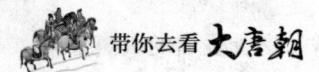

的记载："永宁里，先人之旧庐也，有通渠转池，巨石嵚崟，喷险淙潺，洄潭沈沈，殊声异状而为形胜游衍之处者十四五。前夫人之孙苏氏之妇，若岁嬉而坠焉，举家环流，惮莫能救，夫人投身赴水，或沉或浮，久之提挈仅免。"第一句对园林设计的精妙进行了描绘，而第二句用一次溺水事故从侧面反映出私家园林规模的恢宏巨大。长安私家园林按其主人不同大致又可分为贵族园林和士人园林。贵族园林由皇室宗亲、名臣显宦所经营，称作"山池院"。规模各异，或绮丽奢华，尽显贵族气派，或清新优雅。不过大多贵族私家园林崇尚华丽，建筑豪华程度堪比皇家园林。文人官僚们出于心理和精神方面的需求，对园林一往情深，园林成为他们的社交场所，文人的趣味爱好对园林的影响也较上代更为广泛、深刻。

士人园林则是以文人、士大夫为代表的私家园林。科举考试之后，"中隐"的思想开始在文人中间逐渐产生："居朝野而寄情林泉，处江湖而心系庙堂。"园林艺术开始有意识地融入诗情画意，出现"文人园林"。士大夫及文人开始直接参与造园活动，他们依据自身的审美和意愿来进行园林的规划，把他们对人生的体验、感怀融注于造园艺术中，园林成为他们寄托理想、陶冶情操的场所。如王维的辋川别业、白居易的庐山草堂、杜甫的浣花溪草堂、裴度的绿野堂以及韦嗣立的骊山别业，都是诗情画意的士人园林。

坐落于长安城南边的曲江池、乐游原则属于公共园林，一眼望去，水道萦回、花木繁盛、亭台密布。公共园林就相当于现代的公共游览区域，扮演着公园的角色。沿着慈恩寺一路向南经过杏园直到青龙寺，都对百姓开放。每年通过关试的进士都会齐聚曲江池畔的杏

第四章　享誉盛名的大唐建筑

园，宴饮游玩，一些达官显贵则趁机在这些进士中挑选女婿。杏花深受百姓的喜爱，唐诗有云"莫怪杏园憔悴去，满城多少插花人"，因此而流行的民间赏花风气，也是唐朝时的一股潮流。用青林葱郁、碧波荡漾、美不胜收来形容曲江池和乐游原一点也不为过。每逢重大节日，这里就会成为长安城乃至全国百姓的首选赏游地点。

游览唐朝时的园林会发现，园林由都城向地方扩散，尤其是整体布局向郊区扩散，这当然是和长安城的地理位置有很大的关系；另外，园林功能变得越来越生活化，从皇家园林到公共园林都有这样演变的趋势，甚至集住宿、游览、举办大型活动等方式，与市民文化越来越紧密融合，是十分接地气的。园林的风格由之前的追求富贵华丽逐渐转变为自然写意，假山亭台的造型和设计也更加紧凑精巧。园林建设更富诗画情趣，彰显了大唐气韵，也为中国的园林艺术发展勾勒出精彩的一笔。

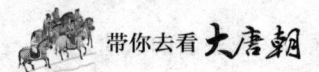

5. 大唐百姓的生活起居

随着唐朝国力的发展，整个大唐的社会风气也越发雍容华贵，唐朝人们生活的居室相对于前朝普遍布置更加豪华，达官贵人的居所更不在话下，建筑豪宅及私家园林都趋于奢华。华美不仅体现在建筑物本身风格装饰华丽富贵，也体现在室内装潢及家具陈列，包括百姓家里日常所用的家具大多造型浑圆，别致华丽，由古朴之风转向华贵而有质感。不过也有个例，宰相魏征尚俭，居室卑陋，唐太宗想为他建造新的住宅，但是魏征不肯接受。

手工业和商业贸易的发展，造成了家具的逐渐普及。外来文化的多样致使家具制造业大胆吸收了各种文化，产生了不少新型家具。中晚唐之前基本没有高型家具，一家人都是跪坐在几案旁，平日里吃茶聊天纷纷席地而坐。唐诗中的"床前明月光"中的"床"并不是现代概念中的床，而是类似于现代人所坐的椅子。唐朝时家具七大类，即坐具、卧具、承具、凭具、皮具、屏具和架具，坐卧类，如凳、椅、墩、床、榻等；凭椅、承物类，如几、案、桌等；贮藏类，如柜、箱、笥等；架具类，如衣架、巾架等；每一类家具都有丰富的内容。

第四章 享誉盛名的大唐建筑

唐朝人还是停留在席地而坐的生活习惯上，但有时候大家也会坐在椅子上，凳类、胡床、椅类等家具就慢慢出现在大众的视野。唐朝人睡觉仍以床和炕为主，看书或者梳妆依然用桌子或者几案，常用的家具就是床、凳、几案、柜、屏风等。若走进唐朝的百姓家里，看见的室内陈设物会有帘、帷、帐、屏风等，重要的敷设物有褥、席。床榻、几案、柜橱等是主要的家具，其他小的摆设物有烛具、香炉等。

唐代家具最大的特点是高度增高。晚唐时高型家具逐步取代了低型家具，因此垂足坐取代了跪坐，百姓家的室内家具布置以桌椅、几案、床榻、凳、屏风组合为主。椅、凳、桌则是在上层社会中流行。此时的唐代家具以木质家具居多，做工也比较细腻精巧。随着坐具的升高，桌子的出现成为必然，也标志着家具的生产制造到达了新高度。

现在就来看看大唐百姓人家几乎都会用的家具。胡床又名"交床"，它并不是现代人所睡的床，类似于现代办公用的午休床，可以折叠，携带方便。有些胡床后带靠背，功能跟当今的躺椅相同。唐代的床有坐床和寝床之分，寝床较大，安置在寝室中；坐床一般置于厅堂之内。唐代人们的日常坐卧饮食都可在床上完成；甚至会见重要宾客也是在床上会见，坐床有类似现在沙发的作用。

凭几是桌子的雏形，一般供人们趴着休息，或置于身侧以供依靠，凭几细长，休息时舒适性不好，倚靠时间长了会很不舒服，因此在随后的改进中变得更宽，更像桌子，大唐百姓一般借用凭几休憩，还能看书、吃饭甚至会客。月牙凳是唐代家具中不得不说的，月牙凳是唐代汉族家具的经典创造，又称腰凳。月牙凳是传统坐具的升级版本，它座面不方也不圆，呈现一种月牙的形状，造型别致新巧，装饰华丽精美，仿佛与体态丰腴、雍容华贵的唐代贵妇人形象一致，是最具大唐风采的家具。椅子的名称最早来源大唐，唐代椅子种类多样，形制不一，最初叫法为"倚子"。唐代的椅子有直搭脑扶手靠背椅、曲搭脑扶手靠背椅、圈椅等。唐代的箱柜跟现代的衣柜、储物柜完全不一样，"箱柜"就像是现代的保险柜，用来盛放财物，柜的多少反映主人的经济实力。

　　唐朝室内无门窗，屏风就成了重要遮蔽工具，除了有挡风和遮蔽等实用性作用外，还有分隔房间和装饰居室的作用。它是唐朝人重要的家具陈设，并分为连地屏风和床上屏风两种。就装饰性来说，屏风分素屏和书画屏两种。素屏多布置在文人雅士的居室，皇家贵族官僚居室布置中，屏风多绘有山水画，或人物画，也有的既有山水画，也有人物画。而现代屏风大多作为装饰品，不再具有家具的功能。

　　除了屏风画之外，壁画也很受唐朝人的欢迎，拿白居易来说，他家有套大宅子在洛阳履道里。他信佛，于是请人在家里按照《阿尼陀经》《无量寿经》的故事，画成九尺高、一丈三尺宽的《西方极乐世界三圣图》，白居易非常喜欢，自己还专门对家里的壁画夸赞了好一番。

　　唐朝人家里的居室，特别是起居室，主要是主人用来招待客人的场所，娱乐活动也多在起居室。居室布置和现代非常相似，都会按照主人的性格和身份进行配置，也就是按照主人的意愿进行装修。《韩熙载夜宴图》就给人们呈现出南唐政治失意的官僚韩熙载为避免李煜的猜疑，以声色自娱，在家设宴行乐的私人夜生活场景。室内摆放有

第四章 享誉盛名的大唐建筑

长桌、长凳、椭圆凳、扶手椅、靠背椅、有屏风的大床等设计布置，反映了官僚居室陈设情况以及家庭生活情况。

唐朝时居室也是文人读书的地方，典型的文人家是这样的：堂前陈列笔砚书籍等物品，文人便倚着方桌读书，旁边或有童子侍立。文人居住和读书的居室环境往往简洁文雅，富有人文气息。虽不及现代人对于家具或者布置居室的丰富多样，但在唐朝时拥有一间别致的房间也是舒适而惬意的。

第五章

唐朝的外出旅行

"读万卷书,行万里路。"中国人讲究读书和旅行,这在唐朝也不例外,否则就不会有鉴真东渡、玄奘取经这样脍炙人口的历史故事了。外出旅行向来是唐朝人所追求的生活情趣之一,同时也是非常好的放松方式。

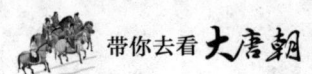

1. 唐朝的旅馆酒店

唐朝人出门在外都住在哪里呢？毫无疑问也是住在酒店或旅馆。东市西北的崇仁坊，是唐朝时的旅店集中地，只不过那时的称谓和现代不太一样，那时的邸店、客舍、候馆、旅邸等其实就是可以投宿的酒店。如果按照旅馆的性质来划分，有商业性旅馆，也有官方设立的专门接待过往官员及各国使节的馆驿。

寺观算是唐朝时比较有特色的旅馆，佛寺一般都有接待宾客的客舍，也可供旅客临时歇息。除此之外，还有一些非主流形式的旅馆，如义堂、普通百姓的民居以及一些兼营住宿业务的酒店等。这些酒店在今天就相当于现代的商务酒店、快捷酒店、民宿等。从西汉时期起，长安城就开始兴建酒店供各地官员进京住宿，并将外国使臣、客商集中住在"真街"。接待外国使节以及周边少数民族使臣的国家级旅馆叫作迎宾馆，鸿胪寺属下的鸿胪客馆，是招待外来使臣的主要客馆。

随着大唐的国力昌盛和对外交流的发展，商业旅馆开始大规模兴起，"东至宋汴，西至岐川，夹路列店肆待客，酒馔丰溢"，"南诣

第五章 唐朝的外出旅行

荆襄，北至太原、范阳，西至蜀川、凉府，皆有店肆，以供商旅"。由此可见旅店业的发达程度，人们在旅途中随时随地都可住店。完备的馆驿制度也在大唐政府的督促下建设起来，加上官方的交通网络也更加四通发达，当然就更促进了旅馆的发展。长安城内的商业旅馆，位于朱雀街东万县所领坊内的就有12处，街西长安县所领者有2处，位于城门附近者4处，共18处，但是由于坊市的限制，暂时还没有形成旅馆密集的区域。

佛教在大唐的迅速传播导致全国寺院数量直线增加，给旅客投宿寺院带来了便利，且寺院很少向旅客收取房费，节约了不少盘缠，因此也会有更多的旅客选择寺院住宿。官方的馆驿只能接待官员、外来使者，对入住人员有要求，而商业旅馆却能提供更便捷的服务，比如免费堆放货物。私人开设的旅馆除了接待来往客商，几乎都会供给食宿和马匹等。同时，民间旅馆店舍，乃至外国商人开办的"胡邸"遍布全国各地。这些客舍、邸店、车坊的兴建为人们的出游带来了极大的便利。相比住在寺院，大家还是更偏向选择更为便捷、服务更为周到的商业性旅馆。商业旅馆按照规模，大致可以分高、中、低三个档次。大型或高档的旅馆，多分布在城市内的繁华地区以及交通要冲，如长安城西市的"窦家店"，设有20多间客房，地理位置相当好，每日收益颇丰。就其营业面积和营业额而言，窦家店属于高级旅馆。而顶级的旅馆由大唐朝廷出资修建的居多，毕竟顶级的高档酒店是接待外宾和皇家贵族或者官员的地方，隶属于中书省的四方馆就是其中之一。有时候有大国的使团来唐拜访，人数往往多达百人，小国的使团也有数十人，所以朝廷为接待远方的贵宾，建设了多处豪华的迎宾

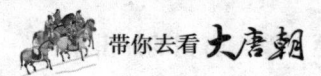

馆，这类宾馆称馆或驿，集中在都城。

中档旅馆则多是家资稍丰的商旅、士子、官员等出行住宿的地方，如唐代汴州西的板桥店，"元和中，许州客赵季和将诣东都，过是宿焉，客有先至者六七人，皆居便榻，季和后至，最得深处一榻"。

小型旅馆数量众多，散布于城乡的各个角落，甚至位于乡村、山野的村店、野店、茅店，这类相对简陋的旅馆则是一些经济受限的读书人或旅行者的选择。

首都长安城旅店业的发展壮大，主要还是源于不断涌入长安的士民、商贾、僧道、使节，甚至是地方官等进京办事而又在京城无住宅者，他们成为长安旅店的重要消费者。

旅行者入住旅店，就成为旅店服务的对象。当旅店有了消费者后，服务品质就成了非常重要的内容，仅有外部的富丽堂皇，是不能真正吸引旅客的，内部的环境和设施更为重要，旅馆经营者大多在客舍种植花卉草木、张挂书画、焚香、插花等，摆设盆栽等室内装饰物甚至也成为经营者的追捧对象，这样做无疑是为了吸引更多的文人雅客。除此以外，室内整洁的卫生和基本的配置都是必须的。

诸如"宾至如归"这样的现代旅馆服务理念，在大唐时民间旅馆的经营当中就已经有显著的体现。旅馆的主要任务是既要安排旅客住宿，又要负责旅客的饮食，因此一般旅馆的规模都比较大，有许多间房舍，每间房舍都有床、榻以及梳床之类。除了住宿和饮食这两大业务外，旅馆还为旅客提供出行工具，大部分旅馆会有专门的饲养牲畜的地方，这就是所谓的附加性质的服务，甚至包括帮忙买酒、寄存货物、受房客的委托办理事情，等等。

第五章 唐朝的外出旅行

此外，少数民族的旅客在大唐也是非常多的，考虑到他们的风俗习惯，还有专门为其设立的独具民族特色的旅馆。如长安西市的波斯邸，店内装饰和提供的食物必定带有波斯风味，房客住在这里肯定非常亲切。

在价格方面，如果旅馆开在了大唐西市这种地理位置优越的地方，价格自然也会高，相对地理位置偏僻一些的旅馆，价格也会较低一些。此外，有些酒店旅馆会根据顾客的需要来给他相应的房间，房间的面积和布置不相同，价格也有所差异，旅客可以根据自己的需要选择合适的住房。每逢大型节假日，人流众多，住房需求紧张的时候，店家也会相应地涨价，以谋求更多的收入。

随着唐朝旅馆业的发展和规模的扩大，从业人员也越来越多。朝廷早早地就利用手中的行政权力和经济实力，管理着利润丰厚的旅馆业。许多官员在商货流通的要道设置旅店，甚至是大宗的店宅业务；与此同时，政府在全国范围内建立馆驿，独家经营着官员差旅消费和外国使者消费市场。

作为一名普通的大唐百姓，其实旅馆由谁来经营不太重要。只要能够以合理的价格选择自己喜爱的旅馆，方便快捷的入住，百姓们就已经非常满足了。

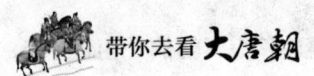

2. 唐朝人的出游

在唐朝，人们都对旅行充满了向往。唐朝旅店业的发达为社会各阶层的旅行奠定了扎实的基础。

唐玄宗在730年下达了这样一道诏令，大意是文武百官放10天春假，员外郎以上的官员，每人赐钱五千旅游经费，大家都去旅游吧！于是官员们纷纷出游，他们和家眷成为长安城周边景点的一道亮丽风景线。788年，大唐从安史之乱中逐渐恢复稳定。唐德宗认为社会安稳和谐，便又颁布诏书，大意是一月最后一天、三月三日和九月九日，京城大小官员、皇宫和皇城的卫士们，大家都出门旅游放松吧！节日的前五天会给每人赏赐一百贯至五百贯钱做旅游费用。

当然，官员旅行政策实施的背后离不开大唐强盛的国力支持，他们对节假日旅游也是由衷的热爱。但是由于交通工具的限制，10天也走不了太远，结果城市南边的乐游原、曲江，周围的渭水、蓝田、终南山等都变成了节假日的热门景点。还有诗歌记载这样的盛况，《丽人行》中记载："三月三日天气新，长安水边多丽人。态浓意远淑且真，肌理细腻骨肉匀。绣罗衣裳照暮春，蹙金孔雀银麒麟。"描写的

第五章 唐朝的外出旅行

就是长安城官员家眷在曲江边游玩的盛况。

大唐官员在旅游的时间和地点上受到假期的严格限制，但他们还是会利用出差等方式去游赏美景。概览下唐诗就会发现，描写山川河流景色的行旅诗屡见不鲜，大部分是官员赴任或出门办差时所作。出门办差的路上可以稍做休息，但不能太耽误时间，任务紧急有时也会日行300里，速度太慢则会受到处罚，而赴任时的要求则较为宽松。白居易在做杭州刺史的时候，花了7个月在路途中游山玩水，最后才抵达杭州。

文人若想要轻松愉快地长途旅行，最好的时间则是参加科举考试之前。大唐时户籍管理严格，长期离开户口所在地是违法行为，被称为"逃亡""浮浪"，但也有例外，出门求学、求官就不受限制，且通过长途旅行可以结识名人，还能在游览山水等风景中激发创作灵感，所以有名望的家族为了培养自己的官员，也会竭力支持，因此这种旅游通常是比较愉快的。

不过科举制度规定，除了国子学的学生，一般士子参加进士、明经等科目的考试之前，必须通过所在州县的考试，由当地政府推举，称为"乡贡"。大唐中期之后，乡贡资格的取得不再局限于士子的户籍所在地，在别的乡里得到推荐也可以到长安参加考试。这样一来，在本乡得不到重视的士子往往会去别的地方碰一碰运气，此时便可顺理成章地去外地旅游。除此之外，皇帝不时地举办"制举"以进行唐朝的官员选拔，也给人们旅游提供了便利，然而要参加"制举"，必须得到朝廷官员的推荐，这样一来就需要参加者四处旅游结交名流，不断发表作品，提高自己的声望。

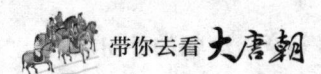

旅程中的巨额花销和现代一样，对人们都是一个很大的问题。唐朝著名诗人李白年轻时曾由四川出发，沿长江一路东行，直到浙东。他性格豪爽，本就没有量入为出的习惯，特别是到了江浙一带，见识了扬州、南京的繁华之后，更是日日饮酒狎妓，"不逾一年，散金三十余万，有落魄公子，悉皆济之"。不久之后，李白就尝到了冲动消费的恶果，沦落到"归来无产业，生事如转蓬。一朝狐裘敝，百镒黄金空。弹剑徒激昂，出门悲路穷"，到处借钱的悲惨境地。可以说，这次出仕前的壮游，改变了李白一生的轨迹。

唐代士人长途旅游的另一个好时机，是进入仕途之后等待做官的时期。科举盛行之时，每年都有万人从各种渠道获得做官资格，但九品以上的职位总共只有两万不到，官多职少。因此唐代中期以后铨选官员时，进士或明经及第以后要等候三年左右才有官做，六品以下的官员一任官做完以后也要等上三五年才有下一任官做，这叫作"守选"。士人在等官做的"守选"期间，也会选择长途旅游来结交朋友、消磨时间，元稹就是在考取进士守选期间游览了山西。除守选之外，也有人会主动辞官，寻求理想的仕进机会。在辞去旧官等待新职务的时候，也是旅游的最佳时机。

普通百姓在农忙时需每日在田间劳作，农闲时还要完成造房修路等各种劳役，手上也少有积蓄，从时间和金钱上都没有长途出游的条件。同时，乡里严格的户籍管理制度也不允许他们随意长期外出。然而这个情况还是有例外的，如果在唐朝出家，那么就可以专享出家人的福利。唐朝僧侣不用交税服役，户籍控制也较为宽松，可以轻松离开家乡，周游全国，不过缺点是不能拥有私人财产。大唐佛教兴

第五章　唐朝的外出旅行

盛，信众遍及全国。因此僧侣云游四方时，只要找到一户崇信佛法的家庭，便能得到对方全力的招待。如果运气好，遇到崇信佛教的高官富商，甚至可以获赠盘缠和坐骑，待遇更为优厚。一般僧侣出游通常为了传道或者学习佛法，前者是按照大乘佛教的精神，四处传播佛法，培养信众；后者有点像现在的访问游学，是为了提高自己的佛法修养，周游天下，寻访高僧古刹。由于高僧古刹多在景色优美的山林里，求道的游方就很容易变成赏景的旅游。《入唐求法巡礼行纪》是僧侣圆仁记录自己一路化缘巡礼历程的书。

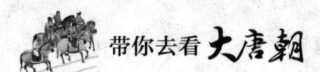

3. 唐朝出行必备的交通工具

大唐人热衷外出郊游这是有目共睹的,那么问题来了,他们出行的交通工具是什么?王公贵族出行是否又和老百姓不一样呢?

最普遍的近距离出行方式就是步行,不管是走街串巷还是附近郊游,走路的方式都是最经济的,因为不花钱。唐朝人步行平均每天能走20多公里,其实和坐船的速度也是差不多的。这样想一想,其实步行也没有那么慢,天津走到北京的话差不多6天就可以到。想要解放双腿,稍微轻松一点的出行方式有没有?有。

比如诗人杜牧就喜好乘车出游,《山行》中的经典诗句"停车坐爱枫林晚",就是诗人停下马车,在枫林中小憩时写下的。再如由于受到胡化风气的影响,长安城的富裕阶层在外出活动时不少都选择骑马出行。此外,由于大唐开放的风气也使得女子骑马成为一道亮丽的风景线。据悉,开元天宝年间,骑马出门的风气可以说是达到了顶峰,女子在街上骑马随处可见,她们扎起头发,戴着胡帽,露着脸。有的女子身穿男子的衣服和靴衫,驰骋在街上,与男子无异。

一般来说,富裕阶层多用马,而民间老百姓多用牛、驴。牛车亦

第五章 唐朝的外出旅行

称"犊车"。驴有自家养的,也有的是租赁的。"一日听到有人敲门,开门看见一赁驴小儿,云适有一夫人,自东市赁某驴,至此入宅,未还赁价"。这段古文记载的就是从事租驴业的老百姓出租驴子时的场景,看来这骑驴外出旅行对人们来说也很普遍。除此之外,还有人骑从西域传来的骆驼、大象等动物,不过骑骆驼、大象在长安城并不十分流行,多为人们效仿外国人新奇好玩而已。

除了利用动物方便出行外,唐朝人的"车子"也值得一说。现代街上流行开轿车,在唐朝时就相当于辇或舆。唐皇家专用辇的规格多达7种,分别为大凤辇、大芳辇、仙游辇、小轻辇、芳亭辇、大玉辇、小玉辇;舆有3种,为五色舆、常平舆、腰舆。这些就是对照现代轿车各种系列的不同车型,也有特别限量款,那当然是给皇帝专门准备的。

唐朝时的辇、舆放弃安装轮子,而使用人力抬,这种辇车或舆车,被称为"步辇"或"肩舆"。唐太宗出行时就坐在由几个宫女抬着的步辇上,由此显示其皇权威望,接见吐蕃使臣时也是这样。中唐以后,辇和舆逐渐从宫廷普及民间,受到文人雅士的喜爱,他们出行多乘坐辇和舆。辇和舆随着时间的流逝,后来摇身一变成了轿子。

为了彰显皇权和贵族的地位,唐代皇帝出行的辇和舆也分为礼仪用和日常用两大类。比如说皇帝的礼仪用车主要有"五辂","五辂"在形制上差不多,但是在装饰、颜色以及细节上有差别。皇帝的礼仪用车是最为考究的,按照权利和位次排列,其他人如皇后、皇太子等也有专门与其身份相符的礼仪用车。礼仪用车实际上就是维护礼法,彰显皇权的手段,实际生活中并不常用。

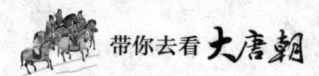

不过，唐朝的皇帝们都不太喜欢这种礼仪用车。唐高宗就特别不喜欢乘五辂车，有需要用到五辂车的场合，就用"辇"替代了。他曾经去南郊办事，乘坐骆驼前往，等事情结束，骑着骆驼又匆匆回来了。从此之后，只要是去郊区祭祀等，无论远近，唐高宗都是在侍卫的保护下骑行往来。

后来又出现了一种类似轿子的兜笼，兜笼也叫兜子，乘坐者多为女性，兜笼的门上挂着帘子，比较有隐私性，这就和轿子很类似了。因为它的轻巧易抬，设计符合礼节，于是在中晚唐的时候非常流行，慢慢普及寻常百姓人家。长安城一时间兜笼随处可见，甚至替代了车舆。

那么，这么多类型的交通工具出现后，没有交通规则乱了套可怎么办？不用担心。唐《仪制令》中就有这样的规定："诸行路巷街，贱避贵，少避老，轻避重，去避来。"不同品级的官员在路上相遇，也有规避的准则，"三品以上遇亲王于路，不合下马"；"诸官人在路相遇者，四品以下遇正一品，东宫官四品以下遇三师，诸司郎中遇丞相，皆下马"。大致意思是说品级低的官员遇到比自己品级高的官员是要下马以示尊重的。宗教法典《道僧格》对于宗教人士和当官的官员出行相遇也做了规定："行路相隐"条规定了"凡道士、女道士、僧、尼于道路遇五品以上官者，隐"。由此可见唐朝人的智慧，交通出行井然有序，一定程度上避免了交通事故的频发。

大唐律法严禁在城内和闹市区高速行驶，也是为了保障百姓的生命财产安全。"车马诸于城内街巷及人众中，无故走车马者，笞五十。以故杀伤人者，减斗杀伤一等。"如果在闹市区骑马奔驰而过，基本上是少不了挨板子了。因为这句话是说在没有任何缘由的情况下，在街道和巷子的人群中，快速驾马或者驾马车的，事主将处以用主板或者荆条打五十次屁股或脊背的处罚。这里的缘由不包括政府公文传递、朝廷命令发布、有病求医、急于追人等。如果是由于以上原因造成人员伤亡的，交点罚款就可以了。如果出现严重交通事故，造成了人员伤亡，就对照斗殴伤人的罪行减一等处理。

除了陆地上的各种出行方式，可别忘了还有一条很重要的交通要道，那就是水路。唐朝时运河系统已经较为发达且造船技术是远远胜于前朝的。最先进的是机械发动船，机械船有两个轮子，能在河面或者江面上乘风破浪，且速度飞快。普通百姓所用船只种类繁多，有通商客运的船只，又有航行异国海域的海船，还有用于游赏玩乐的彩船、西舫、竞渡船，等等，当时就已经有夜晚航行的"夜航船"了，很像现代在景点见到的夜游船。船中一般都备有美酒佳肴，还有艺人献唱，或者仕女从旁服侍，这样就让夜晚航行的旅途增添了更多乐趣，因此而选择水路出行的游客也特别多。

陆上有交通规则，那么水上呢？唐律对水上通行的交通规则也有明确的规定，这也是我国最早的水上交通规则。唐律中写到："或沿沂相逢，或在洲屿险处，不相回避，覆溺者多，须准行船之法，各相回避，若湍碛之处，即沂上者避沿流之类，违者，各笞五十。"也就是上行船回避下行的行船，在地势险要的地方，船只要小心行驶，相互回避。如果水流湍急的地方万一出了相撞事故，那可比马车相撞严重得多。在遵守水路交通规则的情况下，人们选择水路出行的费用相比马车来说也更便宜，所以大部分的唐朝百姓会选择水路出行。水路纵横交错，交通比较便利，肯定比步行要省时省力很多。唐朝时马路较少，大片的荒山野岭，要是半路上迷路了那可就麻烦了。水路不容易迷路，且价格划算，按平均速度来算的话，一天能走25公里，速度虽然比马车慢点，但价格却便宜了一大半。不过坐船必须要有河道，且只能沿着河走，因此人们出行的目的地也会受到一定的局限。即使是这样，航运也成了唐朝时重要的交通要道，为百姓的出行增加了选择。

第六章

唐朝的娱乐活动

由于社会生产力的提高,政治环境安定,以及统治者的爱好,唐朝的娱乐生活也得以相应的发展。娱乐活动形式多样,既继承了传统,又富于创新,尤其是宫廷女性的娱乐生活格外突出。

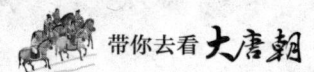

1. 唐朝的马球运动

唐朝时,马球就已经成为老百姓耳熟能详的休闲运动了。马球运动也被称作"击球"或"打球",是骑在马上,持棍击球的一种休闲体育运动。打球的球棍一般由木头做成,杖柄也有用植物的藤做成的。球杖下端呈月牙状,外部包有牛皮,杖上有各种色彩的花纹装饰。马球用的球是木质的,大小如同拳头,质地坚硬,轻而有弹性,中间掏空,外面涂上朱红色并绘有彩纹。游戏时分为两队,大家骑在马上,手持球杖,以草原、旷野为场地共击一球,直到打入对方球门的一方为胜者。

其实马球运动源自波斯,传入中国后,在唐代盛极一时。从唐太宗开始,很多皇帝都喜欢马球运动,还大力推行马球比赛。实际上马球在唐宋元三个朝代都很火爆,后逐渐被新的体育运动所取代。因为马球有皇家支持和推广,因此大受欢迎,许多人都沉迷于此。《封氏闻见记》就曾经记载了唐太宗勤于政务,焚烧马球来劝诫自己,可见马球的受欢迎程度。

马球场也是非常阔气的,一般来说,皇家球场都设在大殿前的广

第六章 唐朝的娱乐活动

场上,整个球场宽阔、平坦、干净。有些贵族家中的球场还洒上些许油来预防扬尘。如果晚上要玩打马球,就在周围点上几圈蜡烛。下雨刮风的时候,扯起油布帐篷也可以打马球,可见当时王公贵族对马球运动的喜爱。

大唐时的马球比赛有两种,一种是单球门,另一种是双球门。参加比赛的人数没有严格的规定,一般来说,有4人至10人,双方人数可以不等。单球门是在一个木板墙下开一尺大小的洞,洞后设有网囊,以击球入网囊的多少决定胜负。打双球门的赛法与现代马球相似,以击过对方球门为胜。比赛时,参赛队员默契配合,马便能够发挥自己的本能奔驰竞逐,场上的战术变化需要大家共同判断,队员们一起齐心奋力去争取胜利。比赛时会有擂鼓助威,增加气势。球场四周竖有24面红旗,裁判"唱筹"计分,得一分唱一筹,得一筹增加一面红旗,失一筹拔去一面红旗,直到比赛结束。双方红旗多者就是胜利方。

打马球能产生诸多好处,这使它在唐朝大受欢迎。骑着马扬鞭疾驰,既可以锻炼身体,又可以增加勇气,培养协作精神。除娱乐外,增强部队的战斗力的一种方法就是熟练地骑马,打马球可以间接训练士兵在马背上的灵活运动能力。唐太宗时特别重视军事训练,很重视发展骑兵,恰好马球运动是一种适合训练骑兵技巧的运动,于是打马球便成为军队习武的训练项目,既能休闲又起到了军事训练的目的。由于马球运动装备要求有很多,对场地的要求也较为严格,所以马球运动在民间开展得比较少,主要是在王公贵族及军队中开展。

唐玄宗在没有登基前,也非常善于击球,他的球技高超,即使是

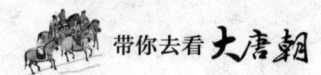

吐蕃有名的打球手也达不到他的水平。天宝六年（747年），唐玄宗发布诏令，正式将马球运动推广到军中，用来演习操练士兵，同时训练战马。就这样，因马球运动而演变产生了一种新的练兵方法，骑兵的战斗力也因此而大幅度提升。甚至这个时候的节度使和军将可以目不识丁，只要球技高超就能得到提拔。唐武宗在位时有个人叫周宝，也是因为善于打马球而出名，但是他做官之路不顺利，没有得到贵人的赏识。当他知道皇帝重视打马球的人才时，就自告奋勇为唐武宗表演马球，之后居然因为受到唐武宗赏识而被提拔了。

除了比赛和军事训练，马球还成为对外文化交流的一个途径。大唐与自己的邻居韩国和日本等国都进行过马球竞技比赛，以竞技体育的精神宣扬大唐的综合国力。

除了王公贵族爱打马球，文人学士和富家子弟也喜欢马球运动。甚至不单有男子参加，女子也非常喜爱马球运动，即使是宫中的窈窕淑女也会驰骋赛场，击打马球。女子打马球侧面说明了大唐社会风气的开明。

马球运动有较强的竞技特点，在唐朝是一项影响深远的运动项目，它的盛行与皇帝的喜爱是分不开的。在整个大唐近300年的22个皇帝中，居然有18个是马球运动的爱好者，可见打马球成了皇家体育休闲活动的重要项目。

2. 唐朝的"足球时尚"

足球是当代世界第一运动，是一项全球性运动，也是一项全民性运动，喜爱它的人不计其数。世界杯比赛是仅次于奥林匹克运动会的第二大体育赛事，当足球场上足球飞起时，总会有大批的球迷为之疯狂。

其实，唐朝人也踢足球。不过，当时的足球叫蹴鞠，而且蹴鞠不是唐朝人发明的，早在先秦时期就有人发明了蹴鞠，只是这项运动发展到唐朝时已经相当成熟，当时的人们，不管是王公大臣还是平民百姓都有不少喜欢蹴鞠的。

现代的足球是皮革制成的，里边充满气体，而唐代距离现在已有1000多年，当时的足球是什么样子的呢？其实，当时的蹴鞠所用的球就是充气球，这是唐朝人对蹴鞠进行的革新。唐朝时期的生产力已经比较发达，所以在制作工艺方面也很成熟了。当时的人把八片尖皮缝成外壳，在里边装上一个猪尿脬，猪尿脬是充满气的，这就让当时的蹴鞠和现在的足球基本一样了。虽然里边是猪尿脬，外面的皮和现在的合成材料也不能相比，但外面用皮遮挡着，远远看去，其实长得

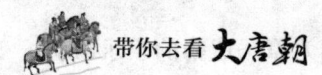

差不多。除此以外,他们还有另外一项革新,就是使用了高球门。球门高三丈多,门柱设一个小门洞,谁把球踢过门谁就赢了。在唐朝之前,踢球没有球门,只要踢进一个小房子里就算赢了。

经过改进,人们玩蹴鞠的趣味性就增加了,所以蹴鞠成为当时的一项最时尚的运动。唐代大诗人王维写过一首诗,里边就提到过人们在郊游时蹴鞠的情景,其中一句写道:"蹴鞠屡过飞鸟上。"也就是说,人们蹴鞠的时候,有很多次都把蹴鞠球踢到天空,甚至比鸟飞得还要高。在唐朝,人们都觉得把球踢得越高越好,当时的书中有记载,一个叫张芬的人在庙中踢球,球飞起来的高度达到了塔的半腰上,把大家都看呆了。

唐朝时甚至连女足也存在了,当时叫女子蹴鞠队。唐时有书记载:一个衣衫褴褛的十七八岁女孩子,脚穿一双木屐,非常灵活地接住军中少年踢来的球,把它踢到数丈高,过了好大一会儿才落下来,可见这是一位技艺非常高超的女蹴鞠手。

唐朝时的蹴鞠是最时尚的运动,所以不仅民间喜爱,皇帝和大臣自然也不会错过这么好的游戏。皇宫里就有一大帮"蹴鞠迷"。当然了,在皇宫里皇帝一般不蹴鞠,主要把蹴鞠当作一种娱乐来欣赏,蹴鞠大多是由专业艺人进行表演,属于朝廷宴会上的观赏节目。可见当时就有一大批专业的蹴鞠运动员为皇帝服务。宫廷中的蹴鞠表演一般采用单球门,在场地中央放置两根长竹竿,长竹竿作门柱,再在两个长竹竿中间悬空挂一张网,形成球门,这就是得分区。在表演时,双方队员分别站在球门两侧,按一定的规则将球从得分区踢到对方的场地,最后得分多的一方获胜。当然,单球门多在蹴鞠表演时使用,平

第六章 唐朝的娱乐活动

常使用的最多的是双球门。除了这两种玩法以外，蹴鞠还有打鞠、白打、筑球鞠等玩法。

打鞠又叫"一人场"，说白了就是一个人踢球，像现代的足球运动员常用的颠球等花式足球技巧。打鞠自然不需要球门，对人数也没有限定，一人或者多人各自独踢，用头、肩、背、胸、腹、臀、膝等身体部位支配球，花样繁多。比赛时，人们轮流展示，花样最多的人最终获胜。这种玩法不需要多大的场地，在民间非常流行，而且还可以作为个人健身活动进行日常锻炼。所以人们又把蹴鞠叫作"发汗散"，称蹴鞠有"消食健体得安眠"的功效。

白打就对人数有要求了，人数必须是偶数，常见的有"二人场""四人场""八人场"等。这种比赛也不需要球门，只是人们相互传球对踢。

筑球鞠的玩法就比较热闹了，场面一定是熙熙攘攘的。因为足球跳跃性很强，所以当时的人们制定了一个规则，把球踢到天上，玩球的人一起抢球，必须在球落到地面上之前把球再次踢高，如果球能一直不落地，玩球人的兴致就会越来越高。

前面说过皇帝一般欣赏专业蹴鞠手进行的蹴鞠表演。皇帝是天子，这种活动自然不能亲自参加，到时候累得衣冠不整，让臣民看到了实在不雅。但是，有的皇帝对蹴鞠的热爱超乎寻常，据说唐太宗和唐玄宗都喜欢蹴鞠，因此皇宫中有专门的打球宫，还有大规模的球场，就连妃嫔宫女们都下场踢球。虽说宫女妃嫔踢球也很热闹，但她们踢球不直接参与球场上的射门活动，基本上是比赛各自的球技，比如把球踢高，踢出花样来。很多时候，她们在天不亮的时候就玩这种

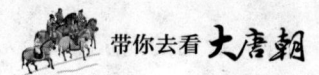

游戏，参加者还能获赐金钱，所以叫"白打钱"。

要说蹴鞠风气最盛行的时候，可以说是唐玄宗开元、天宝年间了。当时皇帝蹴鞠着迷到什么程度呢，都已经引起一些大臣的不满了，纷纷给皇帝写奏折讨论这个事情，但还是没有效果。安史之乱以后，蹴鞠仍然很流行，很多将相大臣也都喜欢到场上踢几脚过过瘾。

3. 唐朝女性的专属娱乐

在唐朝,女性的历史地位相较之前已经提升了不少,尤其是在体育休闲运动中,女子逐渐崭露头角,相比男子也毫不逊色。

唐朝人喜欢球类运动,而且在女子参与的休闲体育运动中,球类运动特别丰富,如马球、蹴鞠、步打球、驴鞠等,多种球类运动都受到各个阶层女性的青睐。特别有趣的是唐朝女子蹴鞠和男子蹴鞠的游戏规则略有不同,除了进球数定胜负外,还有一种常见的玩法是以踢得高、踢得出花样作为优胜者,这种踢法就称之为"白打"。唐朝的女子蹴鞠随处可见,也成为节日中的重要活动,走在街上可以看到一群少女蹴鞠玩耍,这样的场景是非常常见的。

除了蹴鞠外,舞蹈类休闲体育运动也颇受唐朝女性的欢迎,如剑舞、胡旋舞、绿腰等。大唐时,舞蹈表演分为"软舞"和"剑舞"。"软舞"顾名思义,节奏较为舒缓,体现女子柔和之美;而"剑舞"的节奏非常紧凑,动作幅度大、力度强,有一种矫健之美。

这些舞中非常著名的要数具有鼓舞士气的功能舞蹈——"剑舞"。舞者常常佩剑并随着音乐的节拍而舞蹈,看起来英姿飒爽、玉树临

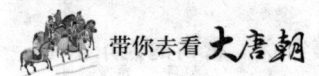

风。它也多受到唐朝女子的追捧。当时有一位人称公孙大娘的女子,是一位非常著名的剑舞者,由于技艺高超,她的名字家喻户晓。有《津阳门诗》这样记载:"有公孙大娘舞剑,当时号为雄妙。"书法家张旭在谈到草书创作的时候也感叹过,"见公孙大娘舞剑器,而得其神",可见张旭创作的灵感来源竟是公孙大娘的剑舞,甚至草书作品也有剑舞的神韵。

剑舞之外,胡旋舞也是女生喜爱的热门舞种。舞者跳舞时穿着华美的服饰,随着强烈的节奏感,快速地旋转柔美的腰肢,显得既优美又婀娜。

其实大唐女子也有潇洒的一面,她们和男子一样,都会参加丰富的户外休闲体育活动,比如踏青、拔河比赛、秋千、骑马射箭等。"三月三日天气新,长安水边多丽人",春天时,唐朝女子会结伴相约外出踏青,嬉笑打闹。作为一种亲近自然的放松方式,踏青备受大家喜爱。而有水的地方就可以泛舟,泛舟及踏青成了大唐女性的新宠。

还有一种深受男女老少喜爱的游戏——荡秋千,其实最早是专属女性的游戏。到了寒食节和清明节的时候,大部分地区是一片生机勃勃的景象,万物复苏、阳光明媚,在这两个节日中,很受女性欢迎的一种活动就是荡秋千,唐朝时更是在各阶层的女子当中广为流行,无论是在宫女中还是在民间女性当中,秋千作为放松娱乐的好方式,深受大家的喜爱。

那些传统意义上的男性休闲活动也开始为女性所接受,如女性拔河比赛。唐朝女子也可以参加这项活动,比如唐中宗就曾经在玄武门外观看宫女们举行拔河比赛，场面十分壮观。不少女性也积极参与骑马射箭休闲体育活动，长安女子甚至骑马成风，比起年轻男子来丝毫不逊色。大唐对于女性的开明和包容程度从娱乐角度也是有目共睹的。

除了日常生活中的休闲娱乐活动之外，每逢节假日，唐朝人和现代人一样，也会为了庆祝节日而举办各种热热闹闹的活动，大家相聚在一起非常热闹。

元日的时候，出嫁的女子会回到娘家和家人团聚。紧接着到了正月初七庆祝新年的日子，大家会剪纸戴在头鬓上等，剪纸一般由女子来完成，展示出女子的心灵手巧。在唐朝正月十五称为上元节，正月十五的晚上称为"元夜"。上元节的习俗是张灯结彩、夜游观灯。这个时候家家户户都会张灯结彩、夜游观灯。上元节三天内万家灯火，夜晚如同白昼样，热闹非凡，在大街上随处可见女子的身影。"今夜可怜春，河桥多丽人宝马金为络，香车玉作立轮。"上元节的活动是举行灯会，全家一起外出游玩赏灯。街上的女子各个穿着锦绣，佩戴珠翠，粉黛朱颜，人数众多。唐中宗曾和皇后一同微服出宫，到民间参加观灯活动。晚上的时候，宫里也会放宫女观灯。

还有两个节日也是女性参与度非常高的，分别是五月初五端午节和七月七日七夕节。端午节也被称为"女儿节"。女子会将五彩丝线戴在自己以及家人的手臂上，五彩丝线又称为长命缕，寓意躲避灾祸，为全家人祈求长寿。七夕节源于牛郎织女在鹊桥相会的爱情故事，女子会结彩缕，穿七孔针。这个节日又称乞巧节。在七夕节晚上，人们会摆设瓜果、香案等迎接织女，以此来祈求忠贞的爱情。而民间还设有专卖乞巧物品的市场，也就是乞巧市，乞巧市上摩肩接踵，车马难行，女子也穿上艳丽的服装，细心挑选着乞巧用品。

　　唐朝女性的娱乐活动真的是丰富多彩，虽然不及现代人有各种各样的科技辅助娱乐，但是在那个时代，通过休闲娱乐建立起来的彼此关系，正是一种不可缺少的情感联络。

4. 震天动地的千人拔河

在唐朝，不管是皇帝妃嫔还是平民百姓都喜欢体育运动。只不过，皇帝妃嫔等贵族玩得起平民的游戏，但平民却玩不起贵族的游戏，比如打马球，那可是需要很大的场地和设备的，一般人是无法玩得起的。所以，拔河与马球相比就属大众运动了，又省钱又省地方，只要有一根结实的绳子，不缺人就行。

唐朝人玩的拔河和现代人玩的拔河基本差不多，都是两边人较劲儿，看哪一边劲儿大，把绳子拉到自己这一边就算赢了。

关于拔河的来源，最早能追溯到春秋战国时期，当时的拔河又叫牵钩，还有强钩、拖钩等名称。春秋时期的楚国地处大江南北，水道纵横，所以不仅有陆军，还有一支强大的水军。楚国和吴国经常在水上作战，为了有利于水上作战，楚国聘请来楚地游历的鲁国名匠鲁班为其设计一种名为"钩拒"的器具。在水上作战时，如果己方占优势，敌方后撤，己方便可以使用钩拒勾住敌方的舟船，不让其逃脱；如果己方失利，则可以用钩拒抵住敌舟，不让其接近，帮助己方士兵逃跑。鉴于钩拒在实战中特别重要，为了更熟练地使用钩拒，军队就

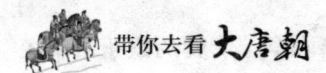

把它设置为军事训练的项目,让士兵们相互对拉,以此来健身练武。不过,在练习时就不使用钩拒了,为了方便,人们开始用缆绳代替钩拒。一开始的时候,人们用竹篾做的缆绳在水中牵拉,后来这种活动不仅从水上移到地面上,还从军队中流传至民间,拔河用具也逐渐变细,用大的麻绳代替。慢慢地,拔河就成为传统的集体角力竞技游戏,每到春天来临时,民间经常会举行拔河比赛。

到了唐朝时,拔河游戏的场面变得更壮观了,有的拔河比赛用的大麻绳长度达四五十丈,两头分别系着数百条小绳索,将绳索捆在人的身上。拔河分为两队,比赛时两队一齐用力向后拉,大麻绳正中插一杆大旗,大旗两边各划一等距的横线,称为"河界",以将对方拔过"河界"为胜。这就是"拔河"名字的由来。由于人数众多,比赛时鼓声喧天,十分热闹。

拔河在民间之所以如此受欢迎,这与皇帝贵族的推崇是分不开的,在唐朝的皇帝中,唐中宗、唐玄宗对拔河是非常提倡的。刚开始拔河是没有裁判的,规则不是很明确,到后来皇帝开始用大旗做准绳,画线当河界,并启用裁判把绳。唐中宗就是拔河运动的铁杆粉丝。唐中宗的帝王生涯非常坎坷,受尽了折磨,虽然这个皇帝当得很是窝囊,但他手上还是有一些特权的。他在心里不痛快的时候特别喜欢看宫女们拔河,而且人越多、场面越大越热闹就越好。709年的清明节,唐中宗不知怎么想的,觉得在宫里拔河不够过瘾,于是就组织几百名宫女到玄武门外拔河。

到了唐玄宗时,他数次三番在御楼上看拔河比赛,还搞过一出"千人大赛"。一千多人拔河,真是难以想象,这得用多大多粗的绳

第六章 唐朝的娱乐活动

子，人数那么多，随便一声呐喊就能震天动地。当时武将击鼓，文官裁判，两边壮士使尽全力，相持不下，致使场上尘土飞扬，官员们看得忘记了桌上的美食，将士们欢声雷动。在这里不得不说一下，因为唐朝比较开放，也与国外保持着友好的往来，所以很多外国使者也在中国居住或访问。当时，这场千人大赛让外国使者看得目瞪口呆，吓得把筷子扔在地上，跪下作揖。当时有一名进士叫薛胜，作了一篇文章为《拔河赋》，文辞优美，天下为之传诵。这场千人大赛其实也算是一场壮国威的比赛，只有盛唐才有此景象，实在是大国的景象。就连薛胜也坦言："名义上是在国内进行拔河比赛，其实是在向国外宣示自己强大的国防实力，以达到威慑外国的目的。"

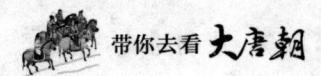

5. 唐朝也流行养宠物

唐朝养宠物的潮流在王公贵族阶层和长安城的达官贵人们之间流行，豢养宠物成为大家争相追捧的休闲娱乐方式，其中最受欢迎的宠物是鸟类。

没错，大唐时鸟的地位较高，皇帝更是对鸟多有偏爱。设有专门用来饲养宠物的五坊，其中鸟类就占了四坊：雕坊、鹘坊、鹞坊、鹰坊，另一坊为狗坊。其中鹞是最受欢迎的。唐太宗豢养了无数的鹞，因为数量太多，就设立了一个官署——"鹞坊"，鹞坊的坊主也得以享受很高的级别与待遇。鹞的身形小于鹰而大于鸡，有尖尖小小的嘴巴，性情较为温顺，经过训练之后的鹞还可以用喙来为主人梳头、挠痒痒，如此聪明可爱的小宠物不仅深受王公贵族喜爱，也令大唐普通的年轻人着迷。

喜爱鹞的代表人物要数唐太宗了，他曾经说时间流逝像是在逗鹞，瞬间就过去了。他对鹞的痴迷还有这样一个小故事，某天，坊主送来一只鹞取悦唐太宗，这只鹞不仅通晓人性，会讨人欢心，还会在人的手掌上跳"胡旋舞"，这令唐太宗很是痴迷，日日逗鸟无心上

第六章 唐朝的娱乐活动

朝。有一日魏征老远就看到正在皇帝手上转圈的鹞，于是他说自己有要事禀告唐太宗。见他进来，唐太宗连忙把那只正转得晕头转向的鹞揣在怀里。魏征假装不知，礼毕后就开始奏事，滔滔不绝地长篇大论。唐太宗没辙，只能任魏征谏言。不知不觉时间过去了大半，待魏征禀告完毕后，唐太宗连忙把鹞从怀里掏出来，却发现这只可怜的鹞早已活活憋死，气得唐太宗脸都绿了。

唐朝引进的禽类宠物有鹦鹉、频伽鸟、鸵鸟等观赏禽鸟以及雕、鹰、鹘和鹞等猛禽。贞观初年，林邑国就向唐王朝进贡五色鹦鹉、白鹦鹉，"精识辩慧，善于应答"。甚至连武则天也养了一只叫作"雪衣"的白鹦鹉，甚是喜爱，谓之国鸟。还有专门的《白鹦鹉赋》写来赞美白鹦鹉的善言聪慧、巧通辞令。唐玄宗还养过一只五色鹦鹉，它通人性，每次侍者为唐玄宗更衣时，若举动不敬，"鸟辄瞋目叱咤"，因此得到了唐玄宗的宠爱。这些珍贵奇异的鸟类都是通过周边少数民族和邻国朝贡得来的。像鹞、鹦鹉等鸟类都来之不易，是皇家贵族的专宠，也是财富和权力的象征。

民间流行的宠物相对常见而便宜，养鹅就是一种，那时，几乎家家户户都养大白鹅，而且一养就养一群，炫鹅成了平民百姓的时尚。《增广贤文》中写道："与人不和，劝人养鹅。"于是连王羲之、骆宾王等人也成了"养鹅专业户"。

说完了禽类，再来说一说养狗。唐朝时养狗的规模较前朝已经扩大了不少，除了王公贵族，百姓也渐渐开始流行养宠物狗。

深得唐朝后宫女性宠爱的可谓京巴狗了。杨贵妃的"康国猧子"名垂史册，这只由康国进贡的雪白小京巴狗，深得杨贵妃喜爱。《西阳杂俎》中有这样的记载："上夏日尝与亲王棋，令贺怀智独弹琵琶，贵妃立于局前观之。上数子将输，贵妃放康国猧子于坐侧，猧子乃上局，局子乱，上大悦。"杨贵妃因怕唐玄宗与亲王对弈输了棋局伤颜面，便将"康国猧子"赶上桌扰乱棋盘，小狗也聪明灵性，还真乱了棋局，也算是不负贵妃的宠爱。

除了禽类和狗，皇家作为宠物来饲养的可谓是珍奇异兽了，甚至还有豹子、鸵鸟等珍奇物种。可见养宠物在大唐也成为皇家贵族生活不可或缺的一部分。宠物陪伴唐朝人的日常生活成为一种风尚，尤其是王宫贵族，饲养宠物更是一种身份和权力的象征。

第七章

唐朝的经济

社会运转离不开价值交换，经济基础决定上层建筑。唐朝社会的发达离不开经济的快速发展，当时的国际贸易更是为唐朝社会带来了丰厚的收入。

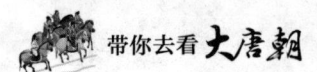

1. 唐朝的钱币

从秦朝一直到清朝，在我国民间流通的主要是铜质的金属货币，在秦朝时叫半两，汉朝时叫五铢，等到了唐朝就称作通宝，从明清开始，银子才成为和铜钱并行流通的金属货币。所以说，唐朝人花的钱主要还是铜钱。唐高祖从隋炀帝手里夺得天下后，在最开始的一段时间内是沿用隋朝的五铢钱的，轻小混杂，等到武德四年（621年）时，唐高祖为了整治混乱的币制，决定仿照西汉时五铢钱的严格规范铸造"开元通宝"，从而结束了秦汉以来以重量铢两定名的钱币体系，开创了唐宋以后以"文"为单位的钱币体系。

什么是"开元"？就是创始、首创的意思，"通宝"指的是流通的宝货。"开元通宝"从名字上就肯定了自己的贡献，它在货币单位上有了很大突破。在唐朝以前，24铢为1两，也就是二十四进制，而"开元通宝"开创了十进位制，有金、银、铜三种材质的铜钱，一个铜币为一文钱，10个铜币为1两银子，10两银子为1金，而不再使用之前的24铢为1两这样的算法。不仅如此，就连重量单位也改头换面了，不再以铢为计算单位，而是改用两、钱、分、厘的十进位法，其中一钱为3.73克,即指开元通宝一枚钱的重量,10钱开元通宝等于1两,1000钱重约6.4斤。由于唐朝时一斤要比西汉时的一斤重一倍多,所以开元通宝要比西汉五铢钱略重一些。

开元通宝钱的创制使我国的铸币体系脱离了以重量为钱币名称的体系,这也是它被称为"开元通宝"的原因之一。它的影响还不只如此,因为它大小轻重适中,名称形制合宜,对唐代以后一千多年的铜钱都有深远的影响,成为之后朝代学习的楷模。

唐朝的开元通宝有金、银、铜、铅各种币材,就连大小都各有不同版式。天宝年间,唐代的铸钱炉数量最多,达49处。为了制造铜钱,每年要使用铜料2万多斤,白蜡3万多斤,锡500多斤。开元通宝钱币的币材虽然多种多样,但金银钱只是作为宫廷赏赐或者收藏玩耍的,不作为流通货币。

一般来说,创新性的事物在最开始的时候总是会受到质疑或挫折,毕竟没有什么参考,全都是在摸索中前进,有点挫折也是很正常的。开元通宝就经历了这样的时期。由于唐高祖一开始铸造的开元通宝不够数量,旧时的钱又退出了流通市场,市场中就缺少货币。朝廷为了弥补市场空缺,所以允许在交易时使用布帛,这种情况一直持续到唐太宗贞观初年。按说缺少钱币发行就可以了,可朝廷害怕重蹈隋朝的覆辙,出现通货膨胀,所以导致市场上虽然需要货币,但朝廷不肯增加发行,反而还鼓励以物易物,大力疏导通货回流。

当时买一斗米需要三五文钱,老百姓零用时感到非常不方便,如果用布帛的话,又不太灵活。再加上唐朝时与国外交流日益频繁,导致钱币流到国外,这样一来,国内的交易需要的钱币就更捉襟见肘了，制约了国内交易的发展。为了缓解这一情况，民间私铸行为逐渐兴盛起来。钱币，一直以来受到国家的管控，私自铸币是违法犯罪的，在当时，按说私铸钱币是受到排斥的，但由于私铸钱币比较小，而且质料铸工都还可以，所以有的地方把它当官钱使用了，以两三枚抵官钱一枚。这样的待遇之所以出现，也是因为唐朝时的货币严重不足。

受益于唐朝的强大国力，唐朝的钱币也被传播到受唐朝影响的各个国家，就连周边少数民族也十分喜爱开元通宝。当时西域的突骑施国铸过一种独特的方孔圆钱，就是仿照开元通宝的形制铸造的，只不过上面的文字是粟特文。

除了以"开元"命名的钱币外，唐代还铸有其他几种钱币，比如乾封泉宝、得壹元宝、顺天元宝、乾元重宝、大历元宝等，尤其是乾封泉宝，是唐代第一枚年号钱。

总的来说，唐代钱币的材质优良，铸工精良规整，流通相对稳定，较少变化与混乱。

2. 唐朝官员如何工作

唐朝官员的工作状况是怎样的呢？或许大家以为古代当官的人都很清闲，应该是为人显贵，想休息就休息。如果这样想可就大错特错了，唐朝官员不仅不能随便休息，还必须勤勉政事，每天早上六点半就上早朝，每月的休息时间只有三天。

古书上记载："五鼓初起，列火满门，将欲趋朝，轩盖如市。"意思是说，在早上五点钟的时候，五更鼓就敲响了，官员所在的宅院内就已经灯火通明。他们早起奔赴早朝。在大街上，官员乘坐的车轿顶棚就好像是集市上一样多，一样热闹。可能有人要问，难道这些官员每天都要去上早朝？答案是否定的，但朝廷对五品以上的官员要求尤为严格。在长安的文武官员，五品以下九品以上的，可以选择每月的初一和十五上朝，而五品以上的官员就要每天上朝了。这些官员早朝的时间一般在六点半至八点半，早朝完了以后便回到各自岗位办公，处理完相关公务，下午三点多下班。这样算下来，每天工作的时间差不多也是8个小时。

要说起提出8小时工作制的人，大家都不陌生，他就是韩愈，唐

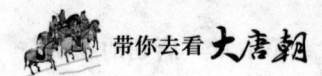

宋八大家之一。贞观年间，韩愈被封为观察官，主要负责勘问刑狱方面的事情。他刚到任就收到了一份文件，这份文件便是关于作息制度的安排。文件规定：从九月到来年的二月，每天都要卯时上班，戌时下班，一天工作十几个小时，除非有了疾病，发生事故，否则一律不能外出。韩愈认为，从早到晚，每天都工作十几个小时太累人了，于是他重新编制了一份作息时间表。他认为，寅时上班，过了辰时就短暂地下班，等到了申时再接着上班，最后到了酉时再下班。这样算下来，一天上班10个小时。虽然还没有与8小时工作制的作息时间完全一致，但这也算是一个巨大的进步。确切地说，韩愈所拟的作息表叫"入、退工作时刻表"，它把工作时间分为了上下午，让人们在中午可以适当地休息一下。

在现代，公司为了监督员工，记录出勤情况，已经运用高科技手段，如录指纹，但在唐朝时不能这样。拿衙门为例，衙门的标准办公时间是从卯时到酉时。在卯时，官员会点名，查点人数，这就叫"点卯"，而差役听候点名就叫作"应卯"，而点名册被称为"卯册"，签到又叫作"画卯"。在衙门里保不齐也有偷懒耍滑的，为了应付差事，他们会选择在点卯以后就离开，这样卯册里面有他，也就不用怕了。

唐朝官员不可能连轴转，也要有休息的时候，尤其是在古代崇尚儒家思想的背景下，对于传统道德和习俗是十分尊重的，所以有很多事假类似于现代的法定假日。

在汉代之前，秦朝官员要想放假需要告归，意思是报告一下再回家，当时还没有什么明确的休假制度。但在唐代，休假制度已经建立起来,一般来说,休假时间定在旬尾,即十日、二十日和三十日,也就是一个月三天假期。这三天假期时从朝廷到各下属官员全都停止办公,当然,虽然百官都不上班,但一定会有值班人员留守,万一遇到什么紧急情况起码能应付过来。

这只是一般性的假日,而和现在法定节假日相同的便是当时的节假日了,比如元日,也就是春节,还有冬至,这两个节日都放7天长假;到了五月时,官员们可以得到15日的农忙田假,在九月有15天的授衣假。

不仅如此,唐朝的事假特别人性化。比如,有一个官员,他的父母远在3000里以外,他便能每三年获得一次30天的探亲假;如果他的父母在500里以外,每五年便能获得15天的探亲假。自己的儿子长大成人,施行及冠礼,可以放3天假,亲戚的儿子行及冠礼,可以放1天假;子女结婚办喜事,可以有9天假。

这些数字可了不得,如果一个人在一年之内都碰到这些事,比如,父母在3000里之外,自己的儿子和亲戚的儿子行及冠礼,女儿嫁人,他的假日就已达到43天,这还不算旅途所需时日。古代的交通方式比较落后,基本通过骑马、乘马拉车或者乘船去往目的地,花费的时间往往比较多。这样一算,官员花费在假日的时间还真不少。

介绍完了唐朝官员的休假制度,再来说一说官员的俸禄。唐朝官员的俸禄主要由三部分构成:粮食、土地和薪水。先说粮食。古代民以食为天,粮食是食物的主要组成部分。朝廷给官员粮食,官员自己就能少买,这就等于变相发了工资。唐朝时给的粮食俸禄,一般是每年给一次,按照官品的高低依次减少粮食数量,粮食俸禄的单位是石(dàn)。

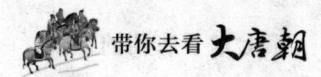

那么一石到底有多重呢？依据唐朝时的计量单位，1石约等于120斤，由于唐朝时的1斤在670克左右，所以当时的120斤约等于现在的160斤，价格大约为50文钱。

接下来说土地。土地的分配也是以官员的官衔为标准依次减少面积，一品最高，可以分十二顷，而九品官员只能分二顷。官员们有了这些土地，如何使用便归他们自行支配了，可以自己用，也可以倒卖给他人，但最多的还是出租收息。

最后说说官员的薪水。以一品官员的薪水为例详细说明一下：月工资8000文，食品津贴1800文，杂用津贴1200文，月工资共11000文。不得不说，工资确实很高。因为官员代表官府单位，而且他们要对官府单位进行管理。所以，为了提高管理效率，朝廷给官员发的月俸里边就包含官府部门的运转费用，供官员进行更详细的分配。但这属于公款，因此不能列入个人收入里边。

3. 唐朝的国际贸易

唐朝是中国古代最强盛的时期,在当时可谓世界第一强国,经济与文化比其他国家繁荣昌盛得太多。那么唐朝人会购买其他国家的东西吗?由于唐朝是我国思想上比较开放的一个时期,对外贸易也是古代最发达的时期,所以唐朝人也非常喜欢外国货。

那么,接下来就带大家看看唐朝人都从国外买些什么东西。首先说一说奢侈品。唐朝时期的奢侈品主要有药材、珠宝和香料等。在唐初,权贵人士和富人就非常喜欢从国外进口的珠宝和香料。因为奢侈品本身价格比较贵,所以由外贸获得的奢侈品就更贵了,不是普通老百姓能买得起的,所以当时的外贸业其实主要是靠这些权贵人士支撑起来的。

当时和唐朝保持贸易关系的国家主要有阿拉伯帝国、波斯帝国以及东南亚等国家。在唐玄宗时期,广州的市舶司就经常为皇族购买从东南亚等国水运而来的奇珍异宝,尤其是珠宝美玉。市舶司其实相当于现在的海关,在当时主要管理海上对外贸易,而唐玄宗时期设立的市舶司其实只是市舶司的前身,一般由宦官担任其官员。市舶司起始

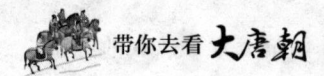

于唐朝,盛于宋朝,到了明末又逐渐被取消了。

接下来说一说战马。马虽然被人驯化,但主要的产地是草原地区,唐朝内陆地区产量自然很少,这就决定了马匹外贸的出现。唐朝时期,唐王朝与突厥、回纥开展外贸交易,用缣帛换取军用战马,当时每匹马的价格大约有40缣帛(缣帛在唐朝时是一种名贵物品,可以当作货币使用)。可想而知,军用战马的价格有多高,这也是当时的军费开支的一部分。

众所周知,唐朝的转折点是安史之乱,在安史之乱以后,唐朝进入藩镇割据的混乱局面。在之后的外贸过程中,回纥将病弱无力的老马强卖给唐朝。老马和强壮的马相比,战斗力自然差得不是一星半点,这就让本来遭受重创的唐王朝雪上加霜。可以这样说,战马的贸易在一定程度上加速了晚唐覆灭的进程。

接着说一说生活物资和生产技术。在盛唐时期,唐朝人从国外购买生活物资,学习生产技术。主要的贸易国家有日本、朝鲜、泥婆罗和越南,以及西域各国。从日本购买的物资主要有松木、杉木、罗木、白银、黄金、鹿茸、茯苓和铜器等;从朝鲜购买的物资主要有人参、海豹皮、木材、木炭等。唐朝不愧为思想开放的时期,朝廷不满足于购买物资,还派遣使者去国外考察生产技术,并引入国内发扬光大。比如,唐太宗派遣使者去魔揭它国考察蔗糖的制作方法,还引进了泥婆罗三种种植蔬菜的方法。

外贸是一件双赢的事情,对外开放不仅促进了唐朝经济发展,也使其他各个国家发展了本国经济。

有一个发生在扬州的故事就很形象地反映了当时对外贸易的现

第七章 唐朝的经济

状。开元初年，有个叫李勉的人在浚仪做官，做官期满之后，他便租了条船沿汴水而下，准备告老还乡，并顺便到扬州游玩一番。途经睢阳时，他遇到一个患病的波斯老人。波斯老人拄着拐杖，请求李勉能好心带他去扬州。李勉看波斯老人境况可怜，便毫不犹豫地答应了他的请求，而且还好酒好菜地招待这个老人。在两人谈话间，波斯老人告诉李勉，他在唐朝已经经商20年了，儿子也在唐朝做生意，这一次就是想去扬州找儿子。不过，波斯老人在船上病情加重了，似乎难以支撑到扬州。波斯老人在垂危之际向李勉说出了实情，原来他是波斯国的王族之后，他们的国王丢失了一颗夜明珠，是传国之宝，所以派他和儿子来唐朝寻找。波斯老人运气很好，真的在唐朝找到了丢失的夜明珠，便藏在身上，准备在扬州乘船回国。谁承想，他现在病重垂危，自己的使命看来是无法完成了。因为李勉热心帮助他，他觉得李勉人不错，所以在弥留之际把宝珠送给了李勉。李勉并不是一个贪图宝物的人，所以又将他的宝珠塞到老人的口中一起安葬了。

等李勉到了扬州之后，在一次游玩的时候偶遇了一位波斯年轻人。他看着很面熟，觉得和他之前认识的那个波斯老人长得很相像。李勉上前去询问之后方才得知，他正是波斯老人的儿子。李勉把自己如何遇到波斯老人以及波斯老人和自己聊天的过程都一五一十地讲给波斯年轻人听，最后年轻人带着自己父亲的尸骨和宝珠回国了。

可能有人会问：明明在波斯丢的宝贝，怎么不远万里跑来唐朝找呢？因为当时唐朝与波斯的外贸往来非常频繁，很多商人在唐朝国土上进行珠宝交易，所以波斯人盗宝之后往往也会拿来唐朝做交易。这正好也验证了唐朝时期与国外的外贸交易之繁盛。唐朝时的广州、扬州这些大城市是当时的世界贸易中心，自然吸引了众多国外商人前来交易。

4. 传到国外的中国茶

茶和可可、咖啡并称为世界三大无酒精饮料，其中茶是起源于我国的饮料。现在喝茶的人很多，配备好茶具，沏好茶，悠闲地坐在沙发上品尝滋润身心的茶水，是一件非常惬意的事情。现在茶叶的种类也有很多，比如普洱、信阳毛尖、铁观音等，而且要求高的人在泡茶时还会严格遵守泡茶的流程。

唐代在茶叶历史上是一个承前启后的朝代，在它之前，人们喝茶大部分是粗放式的豪饮，有的人是为了解渴，一喝就喝很多；有的人看重茶叶的药用价值，在喝茶的时候还要添加不少佐料，比如葱、姜、枣、橘子皮、薄荷、盐等，弄一个大杂烩，喝茶时是连吃带喝的。

唐朝茶圣陆羽对这种饮法嗤之以鼻，认为它破坏了茶的真味。他提倡煎茶法，在喝茶时应该慢慢品味茶的香味。煎茶法的用茶是饼茶，饼茶经过炙、碾、筛三道工序，将饼茶加工成细末状颗粒的茶末，再进行煎茶。当然，除了煮茶、煎茶外，庵茶也很普遍。庵茶的方法是将茶叶先碾碎，再煎熬、烤干、碾末，然后放在瓶子或细口瓦

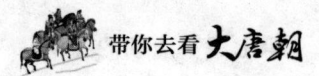

器中，灌上沸水浸泡后饮用。庵茶的范围很广泛，除了在宫廷里饮用，民间饮用者也很多。

再说陆羽，他之所以能成为一代茶圣，与他喜欢喝茶的习惯有莫大关系。陆羽一生嗜茶，精于茶道，对茶叶有浓厚的兴趣，长期实施调查研究，熟悉茶树栽培、育种和加工技术，并擅长品茗。可以说，陆羽在茶叶学问上有着长时间的实践积累，在他隐居到江南以后，他才把自己的毕生所学以三卷《茶经》的形式记录下来。

《茶经》是世界上第一本茶书，分解讲述了茶叶的起源、采茶工具、制茶工具、采制过程、煮茶器具、煮茶方法、饮用方法、茶叶趣闻和茶产地等。里面的内容十分齐全，成体系，所以《茶经》就是一本茶文化词典和茶叶大全，更是一部唐朝以前的茶叶史。

陆羽的贡献不仅有《茶经》这套专著，在当时他还极力推广和发展了我国的种茶事业。他一生跑遍了长江流域中下游地区，从湖北到江浙，对我国名茶产区做了详细考察，并精心培育了若干优良品种，扩大了南方的种茶面积。他在湖州居住了三十年，在此期间，当地的茶业种植园有了巨大发展。

唐朝时的饮茶风气颇为盛行，不管是上层贵族还是平民百姓，都对饮茶情有独钟。既然连老百姓都喜欢喝茶了，皇帝大臣之类的贵族要想体现身份，自然要喝茶叶之中的珍品。当时唐朝皇族喜爱的珍品是阳羡唐贡山所产的"贡茶"，因产量很少，故而十分名贵。它的名贵之处还体现在，贡茶要在清明之前送达长安，所以茶一做好就需要快马加鞭，尽快送到朝廷。为了保证贡茶的来源是真实的，朝廷派了茶史太监到采摘区设立茶舍和贡茶院，专门管理贡茶的采制、品鉴和进献。到了朝廷以后，还要用贡茶开清明大宴。

朝廷这么重视茶叶，所以官府机构也就上行下效，积极地种植茶树，于是，茶树从野生变成了农作物。由于官府的带动，民间也开始种植茶树，出现了茶肆，当时不但城市里有茶肆，乡村里也有很多茶店，主要与饭店、旅馆结合，尚未独立出来，但也已经有了一定规模，为宋朝茶馆的兴起奠定了基础。唐代后期，茶不但成为人们的生活必需品和嗜好之物，甚至到了无异于米盐的地位，此时"茶税"也开始出现。说到唐朝茶叶生产和消费，它的兴起在一定程度上也得益于禁酒令的颁布实施，使茶作为一种酒的替代品开始盛行于民间。

作为一门专门的学问，茶文化流向了国外，比如日本。众所周知，日本的茶道已经形成了自己的特色，但最开始是学习了我国的茶文化。据中日学者研究，日本平安时代，也就是与唐朝同时代的饮茶文化，无论是从形式上还是精神境界上，都与《茶经》中叙述的类同。日本第一位煎茶人永忠和尚当年曾在中国留学，当时陆羽的《茶经》刚刚问世，他的茶文化正流行。在陆羽去世的那一年，永忠回到日本，用陆羽的烹茶法博得了天皇的赏识，两个月后，天皇下令推广饮茶文化。唐朝时期，唐朝人通过"丝绸之路"与西亚、非洲等地区的商人联系，波斯国和大食国的商人经常到长安进行贸易，于是，中国的茶叶开始传入西亚和非洲。当时政府成立了榷茶使来管理对外茶叶的输出。

中国是茶的故乡，是茶文化的发祥地，世界各国最初饮用的茶叶、所种的茶种以及饮用方法、饮茶礼仪等都是直接或间接地从中国传播出去的。

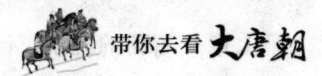

5. 唐朝的"快递"业

杜牧有一句特别有名的诗歌:"一骑红尘妃子笑,无人知是荔枝来。"这首诗背后的故事是唐玄宗为了博得贵妃杨玉环倾心,知道杨贵妃喜欢荔枝,于是便以八百里加急的速度,将产自巴蜀的新鲜荔枝送往华清宫,而行经的路程便是荔枝道,这是唐玄宗特意为运送新鲜荔枝而下令修建的栈道。这可以说是唐朝时期快递行业的典型案例了。说到"快递"这个行业,在各个朝代均有不同的模式来经营。关于这个行业,对路程和速度都有特别的要求。

例如,秦汉时期的快递又叫步递,一般是短途,平均每个时辰要走十里路,这可只是对普通邮件的要求,而且要求当天送完。如果使用传车,一般每天要行驶七十里路,最多每天可行两三百里。至于骑马,对速度的要求是"日行四百里",这可是那个朝代的速度极限了,即老百姓们所称的至速。再如到隋唐时期,其对陆路的驿速则有这样的程限:传马日走四驿,乘驿马日走六驿,按每三十里一驿算,日走一百二十里至一百八十里。如果是急件,要求日驰十驿,相当于跑三百里。更急的,如送敕书,则日行五百里,日行约十六驿,这些

第七章 唐朝的经济

精准的数字直接展现了快递行业的业务要求以及这个行业的规矩。

其实,较为正规的"快递业"从魏晋时期就开始了,那时还出现了专门针对"快递"的第一部邮政法规——魏国陈群等人制定的《邮驿令》,这在中国邮政史上具有里程碑的意义。

到了唐朝,"快递业"更为发达了。由于大运河的开凿与运行,水路快递模式更为突出。在唐玄宗时期,全国大约有1639个驿站,其中水驿260个,陆驿1297个,水陆相兼驿86个。根据史书记载以及有关学者推算,盛唐时期,从事驿传的工作人员约有2万多人,其中驿夫1.7万多人。唐代诗人岑参《初过陇山途中,呈宇文判官》就写下了亲眼所见之势:"一驿过一驿,驿骑如星流;平明发咸阳,暮及陇山头……"

古代的通信手段,所能依靠的主要是文件传递方式,只有专人快马在驿站间不间断地递送。那时,一般每隔二十里路会有一个驿站,如果是紧急文件当时会怎么处理呢?对于需要传递的公文上注明"马上飞递"字样的,按规定要求每天三百里,如果遇到紧急情况,可每天四百里、六百里,最快时可达到八百里,在传递紧急文件时,每个驿站都会使用快马。这样,尽管不是所有马匹都是千里马,但每匹马在短距离内拼命奔跑,也可以一日千里。天宝十四年(755年),安禄山在范阳起兵叛乱。当时唐玄宗正在华清宫,两地相隔三千里,六日内唐玄宗就得知了这一消息。可见,传递速度已达到每天五百里以上。

在各种驿里服役的人,一般叫作"驿丁""驿夫"或称"驿卒""驿隶"。驿丁的身份地位比较低,他们的工作非常辛苦,在烈

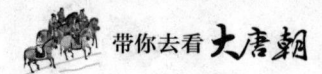

日照射之下,在凛冽的寒风中,在倾盆大雨之中,都毫无例外地要身背文书袋,匆匆奔驰在驿路上。他们日常的任务很繁重,除传递文书外,还要兼管扫洒驿庭等琐事。

在唐朝法律中,对于邮递过程中种种失误的处罚,都规定得很细。唐朝法律规定,驿长应负有若干责任,首先必须每年呈报驿马的死损肥瘦,呈报经费支出情况。若有驿马死损,驿长负责赔偿;若私自减去驿站人员和马匹,则杖一百。对驿丁的处罚更为严格:驿丁抵驿,必须换马更行,若不换马则杖八十。唐律同时还规定,凡在驿途中耽误行期,应遣而不遣者,则杖罚一百;文书晚到一天杖责八十,两天加倍,以此类推,最重的处徒罪二年。可能会有人问道:"若执行八百里加急这样的重要任务,遇敌人或强盗半道劫去了怎么办?"唐律规定,假如耽误的是紧急军事文书,则有责之人罪加三等;若因书信延误而招致战事失败的,则可判处绞刑。以如此严厉的法律规定来看,一般强盗是不会去劫这些重要文件的,免得招惹官方的剿杀。如逢交战时,估计敌方可能会打埋伏拦截情报,因此便会采取多途多人携带文书以防万一。

除了送公文,唐朝已开始流行用"快递"运送水产、水果。当时平原郡进贡的螃蟹,便是使用快递远送,根据唐段成式《酉阳杂俎》记载,这种蟹是在河间一带捕捉的,很贵重,在当时一只价值一百钱。为了保证其是新鲜的,每年进贡时都用毡子密封起来,捆在驿马上速递到京城,在唐朝这个繁荣的盛世,经济的快速发展,文化的交流,贸易的流通,对外开放大门的打开,"快递"行业自然而然就会得到迅猛发展。

第八章

唐朝的医疗和教育

衣食住行是人们生活的基本需求，医疗和教育则是日常生活的重中之重。由于唐朝农业的快速发展，社会环境的相对稳定，唐朝的医疗和教育也得到了迅速的提升。

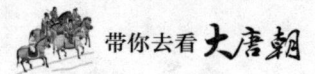

1. 唐朝的医疗

在唐朝，医疗体系和医学水平远没有现在发达，那么，当时的人们是如何看病的呢？

其实在当时，太医可不是随便被指使的。当时的太医署是一个行政管理机构和教育机构，主要是负责发布医疗政策和培养专业医生的，不专门给人看病。

真正给人看病的不叫太医，而是被称作医师、医正、医工等，这些医师主要负责为官员、军队、官府的工匠以及官府供养人员，还有宫女太监等人看病，他们的办公场所叫"患坊"，可以理解成宫内的小卫生室。如果太监或者宫女生病了想让医师医治，肯定不能让医师到你的卧室来看病，需要自己走过去或者被抬过去才行。

而皇帝、皇后、皇子、公主以及地位比较高的宠妃等，生病以后一般不会叫太医署的人来看病，"尚药局"才是真正为他们服务的机构，隶属于殿中省。殿中省是一个总掌天子衣、食、住、行、医及出行礼仪的机构，长官是"殿中监"，把他称为为皇帝服务的老管家可能更形象些。

第八章　唐朝的医疗和教育

尚药局奉御是最高级的太医，只有两人，官位正五品，算是中高级官员了，而且他们在理论上算是全国水平最高的医生了，一般给皇帝和皇后看病，而宠妃能不能让他们中的一位前来看病，就要看受宠程度了。那么，到底是谁来负责为后宫妃嫔治病呢？其实，尚药局里还有四名司医，八名医佐，只是在品级和医术上比尚药局奉御差一些，他们便是为后宫妃嫔以及公主、皇子等人服务的。当然，如果宠妃受皇帝宠幸，皇帝会亲自命令最高等级的奉御给她看病。需要一提的是，皇宫里的医疗活动有严格流程，任何人都不能脱离监视随意走动。

由于古代医生看病需要按脉诊断病情，医生在给后妃诊断时，一般隔着帷帐按脉，向旁边的宫人询问症状，如果掀开帷帐看后妃的脸则是一种逾礼的行为了。我国名著《西游记》中，孙悟空在给国王看病时采用的是"悬丝诊脉法"，这并不是小说的虚构，而是唐朝时期真正发生过的事实。孙思邈就曾通过细线诊断出皇妃的脉搏跳动，这也是他被称为神医的原因之一。

医生做出诊断以后，把该用的方子和如何配制药物写下来，交给专业人士配制，然后就被带出皇宫等候下次传召。这还是赶上了开明的好皇帝，肯让男医生进宫来给自己的嫔妃看病。要是皇帝对男医生比较有戒心，那不管后妃的病有多严重，也不会传召男医生。一般就会找宫廷里的女医生凑合着治一下就算了。

这些所谓的女医生水平也有限，都是一些从官府的奴婢里挑选出来的聪明的未婚女，跟着医学教授学习一段时间，学习一些安胎、难产、疮肿、伤折和针灸等治疗技巧，顶多学习五年，就会被派去为人

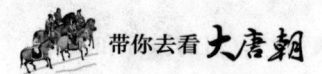

治病了。可想而知，她们与尚药局的太医们差距有多大。

除了皇宫里看病难，那贵族官僚家庭，生病以后该怎么办呢？既然不是皇宫里的人，基本也就与尚药局的医生绝缘了，除非是皇帝的宠臣心腹，得到了皇帝的亲自批准。不过，尚药局的医生们也有偷着接私活的，但他们的诊疗费很高，很多人就算是倾家荡产也未必能请来一次。太医署隶属于太常寺，确实可以为贵族看病，而且五品以上的官员还能公费医疗。不过架不住人太少，这些机构的专业医生加上其他人员，总共才三百多人，这与长安城里的十几万人来说对比悬殊，平均两千人也轮不到一个医生。

唐朝与前代相比还是比较重视医疗的，不仅长安城有太医署机构，各地方政府也都设有医学博士、助教等来培养学生，协助当地的医疗工作。如果某地发生大规模疫情，这些医疗机构的工作人员还会携带药材前去救治百姓。因为古代医学书籍比较匮乏，老百姓缺少治病良方，皇帝便要求大臣将一些常见病的药方刻在石头上或者人群密集处，让更多的人看见。

2. 唐朝的科举

唐朝诗人孟郊的《再下第》写道:"昔日龌龊不足夸,今朝放荡思无涯。春风得意马蹄疾,一日看尽长安花。"其意义深远,包含他参加科举考试一路上的心酸与泪水,这个过程中他所经历的感受也表露在这首诗的字眼当中。孟郊在科举考试中一再受挫,几番努力,几番挣扎,在这个过程中所经历的艰辛只有他自己拥有最真切的感受,一次又一次的失败使他终于憋不住心中的郁闷,于是就挥笔写下了这首诗。但是孟郊没有灰心丧气,连败连战,终于在贞元十二年(796年)50岁时金榜题名。

说到唐代的科举考试制度,根据史书记载,其最大的意义在于打破了世家大族对官员选拔的控制。唐太宗、武则天、唐玄宗等帝王积极推进科举制度改革,选拔了大量寒门人才,可谓给很多人提供了机会。

科举的考试科目分常科和制科两类,每年分期举行的考试称常科,由皇帝下诏临时举行的考试称制科,考试的内容十分复杂,常科有秀才、明经、进士、俊士、明法等五十多种科目,最为重要的是明经和进士。科举考试的科目虽多，但方法却只有五种，即口试、帖经、墨义、策论、诗赋。

唐高宗以后，进士科逐渐重要起来，许多宰相权臣等都是进士出身，由于考试时间都在春天，因此科考被称为"春闱"。随着所考的科目难易及成绩优劣不同，所获得的品位也不同。秀才上上第为正八品上，明经上上第为从八品下，而进士考试获甲等的，为从九品上，以下类推。

自唐玄宗开始，省试一般由礼部侍郎主持。参加朝廷省试的考生要在当年十月到长安去报到。省试时，考场内部都用荆席围隔，考生们坐在廊下答题。考生进入考场时，须自带水、炭、脂炬、餐具、笔墨等，经胥吏唱名、搜检衣物，方可依次入场，这种监督考试制度也类似于现代的考试模式。当时还采取试卷糊名，就是将试卷上的考生姓名密封起来；还进行誊录即将考生试卷另誊写一份送给考官评阅，以免考官辨认考生笔迹。考试时间灵活可变，还可以夜以继日，但一般是日暮后烧尽两三支木烛，便须交卷。

参加完科举考试后，就需要等待结果，被录取称为"及第"，第一名就是大家耳熟能详的"状元"，新科进士互称"同年"，主考官叫"座主"或者"座师"，被录取的考生便是他的"门生"。

新录取的进士有一种礼节，他们都要到杏园去举行宴会，称"谈话宴"，这时要选出两名少年俊秀的进士为探花使，令二人游遍名园，采摘各种名花点缀宴会，这就是孟郊在其登第诗中所写的样子。

新进士们同时还要到慈恩寺大雁塔题名留念，称为"题名会"，又要大宴于曲江亭，所谓之"曲江会"。新科进士的各种聚会庆贺活

第八章 唐朝的医疗和教育

动中，有很多王公权贵参加，很多权贵就在聚会中甄选女婿。

这些考生考中进士只是有了出身，俗话说就是具备了做官的资格。唐代科举取士规模很小，进士科及第很难，当时流传有"三十老明经，五十少进士"的说法，新科官员中通过科举考试录用的，只占5%左右，而且进士及第只是取得了做官的资格，还要通过吏部的考试才能做官，意思就是下一步还要经吏部选试合格，才被授予官职。选试包括身、言、书、判四个方面，先考书、判，即考其书写工整、文理通达的程度，然后再试身、言，即观察是否相貌端正、口齿清楚。

但是若选试未过，则可求当权官僚为之"论荐"，即向朝廷保举求官。再不成，便到藩镇节度使处去做幕僚，过一段时间争取被保举得官。唐宋八大家之一的韩愈在考中进士后，吏部考试三次都没有通过，不得不去担任节度使的幕僚，才踏进官场。

在武则天时期，女皇帝亲自"策问贡人于洛成殿"，这是我国科举制度中殿试的开始，一旦通过了考试，学子们可以到殿堂之上由皇帝亲自考问，这是莫大的荣幸，但在唐代，殿试还只是偶然行为，没有形成制度。武则天时期还开设了武举，考试马射、步射、平射、马枪、负重、摔跤等科目，由兵部主考，高第者授以官，其次以类升，武举考试在唐朝末年的混乱时期发挥了重要作用。

唐朝的科举制度在我国封建社会的选士制度上有了新的发展，它总结了汉代到魏晋南北朝的选士经验教训，比较详明严密地开创了考试取士的规模，具有一定的客观标准，多少要凭点才学，在当时的历史条件下，就可能使出身低微的学子有进入仕途的机会，打破旧的严

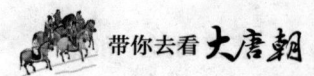

格的封建等级界限，选拔某些有才干的人。与察举和九品中正制相比较，它是比较进步、比较合理、比较符合历史发展要求的制度，对当时社会的发展起了一定的积极作用。

不同的历史时代有着不同的制度模式，不同的历史背景下，也会涌现出不同的管理方式。

第九章

唐朝的节庆盛典

　　中国传统节日已经成为中华文化中不可或缺的一部分。唐朝过节的气氛浓郁，仪式感强，庆祝方式多样，到处欢天喜地，尽显歌舞升平的盛世风采，无论是皇亲贵族，还是平民百姓无不享受着节日的喜庆。

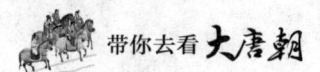

1. 唐朝的"春节"

春节是中国传统的农历新年,俗称"年节",传统名称为新年、大年、新岁,但口头上又称度岁、庆新岁、过年,是中华民族最隆重的传统佳节。在春节期间,人们都要举行各种庆祝活动,这些活动均以祭祀祖神、祭奠祖先、除旧布新、迎禧接福、祈求丰年等为主要内容,形式丰富多彩,带有浓郁的各民族特色,蕴含着人们对未来美好的希冀和对来年深深的祝愿。

而唐朝的"春节",处处显示出盛唐文化的雄厚积淀和与众不同的磅礴之气。唐朝的春节文化继承了远古的习俗,又在汉代、魏晋南北朝的基础上得到了很大的发展,比如燃放爆竹、祭祀先祖、洒扫庭院,停市休业、贴换桃符、张灯结彩以及把酒言欢等。

先来介绍下唐代帝王宫廷守岁风俗。除夕这一天夜里,负责祭祀和礼仪的官员太常寺卿就会带领手下的官吏们,领着数千皇家歌舞乐团的男女队员们,在大殿前表演"傩舞",这大概是一种类似驱除邪魔瘟疫的古老习俗。每当这个时候,宫中就会燃起巨大的蜡烛,焚烧起沉香,使夜晚恍如白昼。皇帝和嫔妃以及皇家子女们都会前来观看,皇帝兴致

第九章　唐朝的节庆盛典

所起，会大摆宴席，开怀畅饮一种叫作椒柏的酒，手下文臣会不失时机地进献应景诗文，以歌颂皇帝的功德和大唐盛世的豪华奢侈。

正月初一这一天，会举办元日大朝会，这算是一年里最隆重的朝会之一，不但在京师的文武百官必须打卡上朝，不准迟到，而且各地的地方官也会派使者或者亲自进京贺朝，连远方的附属国也都要派人来送礼朝贺。在这个最佳时刻，皇帝要换上崭新的龙袍，接受衣着同样光鲜的百官朝贺。在盛唐时，皇帝还要接见远方少数民族首领和附属国使臣的朝拜，这是礼数，更是盛唐大展国威的光荣时刻。

皇帝在接受各方朝拜之后，要在皇宫大摆宴席，以致筵席纷陈，长达数里，款待文武百官和四方使臣。唐朝的国宴全凭皇帝一时兴起，比如贞观三年（787年）正月甲子，唐太宗就大宴群臣，奏九部乐，以歌舞颂扬太平盛世，并命宫中以舞狮子为乐。

在民间也同样热闹喜庆，除夕之夜，吃年夜饭，喝花椒酒，当时百姓的礼俗为饮酒时捻起盘子中的花椒放一点到酒杯中，说是驱寒祛湿。吃过年夜饭后，一家人围坐在火炉旁守岁。

杜甫就写过"守岁阿戎家，椒盘已颂花"的诗文，而储光羲在诗中写道"阖门守初夜，燎火到清晨"。诗中描述的就是唐朝时民间吃团圆饭和守岁的美好情景。正月初一，家家户户燃放爆竹驱逐一种叫作"年"的怪物，相传沿袭汉代习俗，家里人相聚饮酒，请客赐福，用木质桃符以辟恶祛秽。

因为唐朝人喜欢交际、热闹，正月初一时，长安城里家家户户都设着酒宴，邻居们相互拜年，走到谁家吃到谁家，叫"传座"，所以在这天大家不会在每一家吃得太饱。人们还喜欢于这天清晨，在院里竖起一根很长很长的竹竿，底部埋扎在土里，竿顶飘悬着纸或者布做的长条形旗子，在寒风中抖动，这种竹竿也叫"幡子"。

还有，元日时要喝过年专用饮品：一种叫"屠苏酒"，另一种叫"椒柏酒"。"屠苏"是一种中药剂，由大黄、白术、桔梗、蜀椒、桂辛、乌头、菝葜7种药材混合制成。据说这两种酒喝了都能驱邪解毒延年益寿。在喝这种酒时有一种十分有趣的习惯，就是要从全家最小的孩子开始先喝，据说是因为小孩又长了一岁，所以要先喝酒庆祝，而老者又少活一年，所以要等孩子喝了再喝。当然，在酒席上还会有一道特殊的菜——"五辛盘"，分别放着五种蔬菜，有大蒜、小蒜、韭菜、芸薹、胡荽。吃"五辛盘"就是为发散五脏郁气，预防发生瘟疫时不闹病。

2. 唐朝的中秋节

农历八月十五是中国传统的中秋佳节。按中国古代历法的解释，八月是秋季的第二个月，称"仲秋"，八月十五又在仲秋之中，所以叫"中秋"。中秋节月亮圆满，象征团圆，因而又叫"团圆节"。说到"中秋"一词，最早出现在《周礼》这本书中，而真正形成全国性的节日是在唐代。唐朝时国泰民安，国力强盛，元宵、清明、端午、七夕、重阳等各种节日可是一个不少。

"中秋夜，月儿圆"，唐朝流行"拜月"，这可是唐代女性中秋之夜最爱做的事情。这一天，最为活跃的就是女孩子，因为当时的习俗是"男不拜月，女不祭灶"。那么拜月是怎么拜呢？"大历十才子"之一的李端写的诗歌《拜新月》是这样说的："开帘见新月，便即下阶拜。细语人不闻，北风吹裙带。"意思就是说简单的拜月要注意两点：一是下跪，二是祈祷，一定要轻声细语，特别是还没结婚的女孩子，要矜持，保持淑女形象。讲究的拜月，程序就要烦琐一些：设一个祭位，摆上祭拜用的食物水果，面朝月亮的方向拱手而拜，拜完还要烧纸钱。"嫦娥奔月"的神话诞生后，月亮更被拟人化了，嫦娥成了月亮女神的化身。月亮是嫦娥的居住地，拜月亮也就等于拜嫦娥。那么祭拜的时候说点什么呢？祈祷的时候可以请求嫦娥赐予"美丽容貌、幸福爱情、美满家庭"，就是所谓的"貌似嫦娥，圆如皎月"。

女子拜月，那么男子就来赏月。中秋节是个团圆的日子，外出的人们都会回家和家人一起过节。全家人聚在一起，或者与好友一起，吃月饼、喝酒、聊天、看月亮。有些人回不了家，看着圆圆的月亮，浓厚的思乡、盼望团圆的感情便油然而生。文人则对月作诗，留下了诸如"海上生明月，天涯共此时"的经典诗词。

八月中秋，正是丹桂飘香、鲜花盛开的季节。因此，在唐代，中秋节除赏月之外，还有赏桂的习俗。看着月亮想着月中的桂树，又欣赏着人间的桂树，增添了节日情趣。在中秋之夜，人们围坐在桂花树下，点着红烛，品尝月饼，彻夜长谈。抬头遥望月宫，影影绰绰的"桂树"，总能令人产生无限的遐想。

有道是："八月十五月正圆，月饼酥软香又甜。"中秋节少不了吃月饼，月饼若不在中秋节吃，便缺少了应有的韵味。在当时，月饼被称为"胡饼"，传说唐朝天宝初年的中秋节时，唐玄宗和杨贵妃在赏月，唐玄宗觉得胡饼虽然好吃，但是名字不好听，杨贵妃看到一轮明月提议就叫月饼吧，于是胡饼正式改名为月饼。另外，古代人吃月饼讲究众人吃一个，按人切块，每人一份，没回家的家人，也要留一份给他。

3. 唐朝的端午节

在唐朝，每到端午，长安城中可是充满了浓郁的节日气氛。过端午必不可少的就是包粽子、吃粽子。粽子又叫作"角黍"，用菰叶，也就是茭白叶包黍米成牛角状，就称为"角黍"，传说是为纪念投江的屈原而制作的。端午节那天，长安城中的家家户户都会起个大早，忙着包粽子，蒸粽子，吃粽子。那时候粽子的形状已经有很多种了，有角粽、菱粽、筒粽、锥粽等。唐朝人最喜欢吃的是蜂蜜凉粽子，吃起来清清爽爽，香甜可口。当时在长安城中还流行"百索粽子"和"九子粽子"。百索粽子就是用五色彩丝绑起来的粽子，早在南朝时期就已经非常普遍了。九子粽就是用一种名为九子蒲的草叶包的粽子，顾名思义，就是多子多孙的意思。

端午节时，唐朝人还流行玩一种叫射粉团的游戏。据《开元天宝遗事》中记载，唐代每到端午节，宫中便造粉团角黍，粉团就是类似麻团的一种点心，用糯米制成，外面裹着芝麻，在油中炸熟而成，简单地说，就是油炸的糯米团子。但这些粉团不是谁都能吃得到的，他们会将这些粉团放在盘中，拿小弓箭射中才能吃到。玩这个游戏的大多数是女人和小孩子。除了"射粉团",长安城中还流行另一种端午游戏,叫作"斗百草"。斗百草分为文斗和武斗,最先是从武斗开始的。武斗一般是孩子玩,玩法就是两人分别手持长草,各打一结,然后把对方的草勾住,用力往后一拉,把对方的草拉断为赢。这种玩法其实类似现代的孩童游戏,只不过常见的是用树叶的茎部互相拉,看谁的树叶茎部先断开。

"文斗"就是大家收集各种花草,然后互对花草名,一般收集花草种类最多的人会获胜。要是能够搞到奇花异草,也能弥补数量的不足。唐中宗时,乐安公主为了能够赢得斗百草,端午前就特地派人前往南海取一种比较罕见的"美须草"跟人斗草。

有句民谚说"清明插柳,端午插艾",挂艾草和菖蒲则是唐代开始的传统。艾草是一种治病的药草,有散寒除湿、温经止血的功效,而菖蒲的叶子很像锋利的宝剑,将这两样东西挂在门的两边,寓意着除百病、斩妖邪。

端午节的赛龙舟可是一年一度不可错过的精彩活动。唐朝人赛龙舟一般是在上午,有时候下午也比赛。比赛那天,百官要亲临现场观看。因此,比赛前需要搭建彩台,除了给官员搭建的彩台外,有权势的富豪们也会在河岸边自己搭棚,一边喝酒,一边观看表演。如果天气好的话,皇帝也会前往,与民同乐。

端午节下午人们还会举办家宴。百姓家中因为照明设备不足的关系,家宴一般开始较早。家宴上要吃粽子,喝雄黄酒、菖蒲酒,给小孩涂雄黄。还讲究吃新鲜蔬菜,民间称之为"尝新"。更有趣的是,唐朝的端午节还流传着互赠礼物的习俗,人们在端午这天,总是要互相赠送彩丝编织物或其他物品。这一天皇帝会送给臣子扇子、粽子、衣服、五色线等东西。唐太宗就曾送了长孙无忌一把纸扇,上面写着"鸾凤蟠龙"等字,并跟长孙无忌说:"一般端午节人们都是送衣服、粽子这些小玩意儿,可是我今天要送给你纸扇,让你们'庶动清风,以扬美德'。"

孔子说过"来而不往非礼也",皇帝送了臣子礼物,臣子们也要回赠。回赠的种类有很多,无奇不有,以扬州最为奇特:送了一面大铜镜。每年端午前的一段时间,扬州官府就要雇佣能工巧匠在扬子江中心的船上制造上供皇帝的铜镜,称为"天子镜"。镜子背面是九条飞龙的浮雕,因为技术含量很高,所以很难制成。由于这面镜子是在端午节铸成,具有镇邪辟恶的作用,因此意义非同寻常。

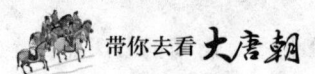

4. 唐朝的元宵节

有一首诗非常完美地描述了唐朝时元宵节的盛况:"火树银花合,星桥铁锁开。暗尘随马去,明月逐人来。游伎皆秾李,行歌尽落梅。金吾不禁夜,玉漏莫相催。"

元宵节又称为上元节,作为中国古老的传统节日之一,在唐朝老百姓眼中,这个节日可是充满诗情画意和浪漫主义的色彩。其实在几千年前的封建社会里,年轻女子是不能随意出门抛头露面的,唯有元宵节时才可以出门娱乐。

唐朝的元宵节也有灯会,而且场面十分热闹。在唐玄宗时期的开元盛世中,长安的灯市规模浩大,燃灯五万盏,花灯花样繁多,同时皇帝还命人做巨型的灯楼,广达20间,高150尺,金光璀璨,那可是极为壮观。

长安兴庆宫前还会举办大型"元宵晚会",根据《明皇杂录》中记载:"金吾及四军士兵,列明阵仗,盛列旗帜,皆披黄金甲,衣短绣袍,太常陈乐。"宫中所选出的数百名歌女,头戴花冠,身穿霞帔,一花冠、一巾帔皆万钱,装束一妓女皆至三百贯。太常寺乐工演

第九章　唐朝的节庆盛典

奏破阵乐、太平乐、上元乐，大象、犀牛也纷纷入场，随着音乐鼓点起舞。府县组织的龙灯旱船、马戏、斗鸡也来助兴，彻夜灯火辉煌，歌舞升平，好一派热闹的场景。

元宵节休假三天，不关城门和坊门，取消宵禁的限制，允许人们出门赏花灯，就是老百姓口中的"放夜"。唐朝的女子也同时被予以放令，她们上街往来于熙熙攘攘的人群之中。灯月映照下的人儿衬托得格外美丽，元宵佳节，良辰美景，五彩斑斓的花灯，营造了温馨浪漫的气氛，待字闺中的女子得以走出深闺。古代的青年男女借观灯之机，相约幽会，成就了无数的良缘美眷。

关于元宵节放灯的习俗，据《旧唐书》记载，"正月望，胡僧婆陀请夜开门燃百千灯，睿宗御延喜门观乐，凡经四日。"正是由于这位僧人的请求，得到了唐睿宗的许可，从而打开唐朝官方正月十五燃灯的先河，也带动了元宵节灯会的节日热闹气氛。这个灯会极为奢侈盛大，可谓昼夜不息。

710年，唐中宗和韦皇后一起微服出宫观灯，同时还准许贵戚百官任意到市里坊间观灯，在当时还出现了利用热动力学催动花灯转动的"影灯"。到了713年，宫廷灯会更为大手笔，据史书记载："上元灯节正月十五、十六夜，在京师安福门外作灯轮高二十丈，衣以锦绮，饰以金玉，燃五万盏灯，簇之如花树。宫女千数，衣罗绮，曳锦绣，耀珠翠，施香粉。"

到了唐玄宗时期，20丈高的灯轮、灯树已经不够用了，唐玄宗在洛阳时到上阳宫，大量陈设花灯，还有露天篝火。从内宫到外殿，都燃起蜡烛。当时有个灯匠名叫毛顺，想出以丝质薄绸，巧制出楼阁30

间，高150尺。在上面挂有珠玉金银的灯饰，微风一至，相互碰撞，发出悦耳的声音。还加上以龙凤、虎豹形状的灯笼，做出腾跃飞翔的样子，栩栩如生，不像出自人工。

此外，唐朝的元宵活动还有踏歌。有首唐诗"李白乘舟将欲行，忽闻岸上踏歌声。桃花潭水深千尺，不及汪伦送我情"。这里面，李白提到的友人汪伦，是"踏歌"而来。按照字面含义，汪伦边走边唱，是他心情愉悦、随性而为的一种行为。其实踏歌并不是那么简单，踏歌又叫踏谣，本来是我国原始舞蹈的一种，唐朝将其定为元宵节的活动之一，在皇宫内，主要由官方组织宫女或教坊女集体参与表演的大型歌舞活动，而老百姓的节日活动也充满了踏歌的欢乐。

踏歌之外，还有百戏。所谓百戏，类似于现在的杂技表演，也就是耍猴、吞铁剑等表演。还有拔河、角觝（现在叫"相扑"）。

唐朝元宵节这天都吃些什么呢。其实在唐朝之前没有节日专用食物，到了唐朝才开始有，排在第一位的可不是元宵，而是白粥或肉粥；第二位是面茧，这是一种用糯米做成的蚕茧形食品，也可以用来祭祀蚕神；第三位是丝笼，据考证，丝笼不是竹子做的笼子，而是一种用麦面制作的饼状食品；第四位是火蛾儿、玉梁糕，据考证，火蛾儿应该是一种油炸食品，玉梁糕可能是由米粉或麦粉制成的糕点；第五位是《太平广记》中所记载的一种食品，它的造型是圆形的，主要用面制成，而且面中有南枣做成的馅儿，经油炸之后，其味脆美，不可名状，很像现代的油炸元宵。

第十章

唐朝的对外交流

　　对外交流是东西方文明产生火花的渠道之一,唐朝更是把对外交流的外交策略放在重要位置上。对外交往也为唐朝带来了包容开放的社会风气,增加了唐朝在全世界的知名度,为古都长安不可动摇的历史地位奠定了根基。

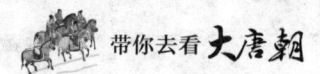

1. 长安城里的外国人

唐朝是古代最为开放的一个朝代。这个开放可不仅仅是指的风气开放，更是指的对外开放。唐朝作为当时世界上最发达的国家，吸引了很多外国人前来学习居住，所以，唐朝人也就自然接触了外来文化。

在唐高宗时期，中国最西部已经到了咸海，连伊朗东部地区也包括在内。在中亚地区，不仅当地的官员，就连当地的国王在唐朝皇帝面前也要称臣。因为他们的地位是附属国。从唐太宗开始，唐朝的皇帝就有一个名称，叫天可汗，可以给周边的国家发号施令。唐朝的影响力由此可见一斑。

唐朝时有很多地区和国家都向唐朝派遣留学生。例如，日本和新罗因离得近，经常会送留学生来唐朝学习，日本送来的不仅有留学生，还有学问僧，这些人统称为"遣唐使"。有的时候国子监讲学，听课的不只是唐朝学生，其他地区和国家的学生也有不少。

除了留学，外国人来到中国还有其他途径，比如投降。贞观四年（630年），唐太宗出兵打败东突厥，颉利可汗投降，于是很多突厥

第十章 唐朝的对外交流

部落前来投降。投降的人并没有被遣返回国,而是留在国内,大部分人留在长城沿线。而这些突厥部落的贵族阶层则来到长安城,多达1万户。一户少说也有3个人,这样算下来,到长安城定居的突厥贵族最少也有3万人。3万人听起来不多,但在古代,人数本来就少,3万其实已经是非常庞大的数字了。唐玄宗天宝年间长安人口大约是30万户,而唐太宗贞观之治时期,顶多有20万户。突厥部落一次就来了1万户,相当于长安人口的二十分之一。每一个少数民族或者国家都有属于自己特色的文化或习俗,这样一来,突厥部落的到来就为长安城的人民接触外来文化习俗提供了方便。

和平时期,外国人前来参观、学习、定居,而到了动乱时期,留下来的外国人仍有不少。很多外国商人或者学者在安史之乱时回不了家,就在长安买房置地、娶妻生子。定居要有户口,在唐朝登记入册的外国人少说也有四千户。这从一个侧面证实,唐朝各地特别是商业发达的地区确实生活着许多外国人。

拿服装来说,唐朝的长安是时尚之都,而时尚主要由宫中的女人们带领,她们就是长安时髦的风向标。以帽子举例,在唐初时,宫中人出行一般都会戴一种四周垂纱的帽子,能把全身都遮住,以至于别人无法看到其本来面目,充满神秘感。到了唐高宗时,一种叫作"帷帽"的新式帽子开始流行,垂纱变短了,只垂到肩上,当骑马奔驰的时候,脸上的样子会时隐时现。这样的装束更有吸引力。朝廷觉得这样的装束有失庄重,曾经下令禁止,但是流行趋势无法阻挡,所以难以遏制。到武则天时期,一种叫作"胡帽"的帽子更受上层妇女的青睐,这时的帽子直接把垂纱去掉了,其他人可以直接看到脸部的表情和妆容。从这个帽子的名字看，就能很明显地知道，这是其他民族对汉族的影响。但总的来说，整个社会变得越来越开放。

汉族服装原本宽松华丽，但在唐朝，追求时髦的女性开始穿着窄袖衣衫，据说这是来自中亚的式样。唐朝人也追崇波斯式样的披肩，有大小之分，在长安上层妇女中十分流行。

虽然唐朝时的科技实力在国际上首屈一指，但其他国家也有唐朝人不知道的技术。唐朝奉行兼收并蓄的学习态度，所以在看到外国人带来的技术非常先进或者十分有利时，会积极引进。比如，唐玄宗有一个凉殿，每到夏天的时候凉爽宜人。当时可没有空调或电扇，它是怎么做到凉爽宜人的呢？原来，它的四周墙壁上都有流水，似乎自动在下雨一样，让屋里到处都是凉爽的水汽。根据学者的研究，这是来自东罗马的技术。

毫不夸张地说，唐朝时期的长安城人业余的娱乐生活包含外国风格。当时的舞蹈甚至是流行音乐都有从西方传过来的。

除了音乐和舞蹈，唐朝的绘画也受到外国的影响。唐朝的画风在中国绘画史上有一个划时代的变化，就是利用了凹凸法，这种画法使绘画变得立体。这种画法是从印度经过中亚传到长安的。在长安的很多寺院里，有不少壁画采用了这种画法，因为有立体感，感染力更强。

2. 玄奘天竺取经

玄奘，原名陈祎，出生在河南省的一个官宦家庭。玄奘全家都信仰佛教，他13岁时出家，正式开始学习佛教的教义。他天资聪颖，加上又非常用功，进步很快。可是，这一切并没有使玄奘感到满足。知道得越多，疑问也就越多。他觉得，自己在佛学理论上仍有些问题不清楚。当时唐朝的佛经质量参差不齐，而且很多理论都不完整，并且当时佛教界对同一经典的诠释存在巨大的差异。他到处求教，可是始终得不到满意的答案。

这时，玄奘遇到了来自印度的僧人波罗颇密多罗，他是印度那烂陀寺戒贤的弟子。玄奘了解到天竺藏有万卷真经，如获至宝。玄奘想，要解决这些问题，只有一个办法，到佛教的发源地——天竺去，于是他立下了西行求学的决心。天竺就是所谓的"西天"，即今天的印度，玄奘前去天竺的目的就是寻找最原始的经典，学习佛教。

但是，要到印度去，在那时谈何容易？中印之间距离遥远，如果从陆地走，虽然有"丝绸之路"，可是路途十分艰险。而且当时是初唐时期，国家还没完全安定，边界地区非常不稳定，因此官府严禁一

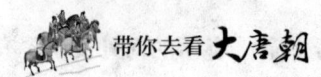

般人"出蕃"。玄奘约了几个志同道合的伙伴，向朝廷请求西行，可是没有被批准。其他人都打了退堂鼓，玄奘想，不然就自己去。皇天不负有心人，终于等到了合适的时机。

贞观三年，长安一代庄稼歉收，官府允许百姓到有粮食的地区去找饭吃，28岁的玄奘利用这个机会，混在了逃难的灾民之中，悄悄地离开了长安，开始了漫长而又艰险的西行求学之路。

玄奘一路上历尽艰难，忍饥挨饿，越过沙漠时曾四五天滴水未进，也曾智斗盗贼，他的行为感动了很多人，于是许多人伸出了援助之手，在他们的帮助下，玄奘冒着生命危险，走了十万余里，历经四年，终于到达了天竺那烂陀寺，那是当时印度最高的佛教理论学府。

玄奘在那里向戒贤法师学习，终于将《瑜伽师地论》全部融会贯通。戒贤法师将《瑜伽师地论》教授给玄奘，同时也帮助玄奘完成了西行的真正夙愿。在那烂陀寺学习了5年以后，为了更广泛地了解印度，学习佛教，他离开了那烂陀寺，先后到了东印度、南印度、西印度，最后又回到中印度的那烂陀寺。每到一个地方，他都会去拜访有学问的僧人，向他们学习佛教理论。

当时印度的大乘佛教主要分为中观派和瑜伽行派，两派之间的争论很厉害，于是玄奘用梵文写成了一部著作《会宗论》，提出了两派在某些地方的融合。

印度当时的国王戒日王很敬佩玄奘的品德学问，特地举行了辩论大会，请玄奘来参加，还邀请了印度的二十几位国王，四千多位僧人来参加。玄奘在会上宣读的论文据说18天内没有一个人能驳倒他，从而名震全印度，被印度人称为"解脱天""大乘天"。

第十章　唐朝的对外交流

　　玄奘跋山涉水，从长安到印度，经过17年的游学，于645年回到长安，更重要的是他带回了梵文佛经657部，佛像、佛舍利150粒，受到了唐太宗的赞赏和推崇，并为他建立了长安译经院。玄奘把这些梵文的经书翻译成了中文，历经19年，翻译出75部，1355卷。主要经典有：《大般若经》六百卷，《俱舍论》、《瑜伽师地论》一百卷，《成唯识论》等。如今这些佛经在印度已经失传，玄奘的译本就成了研究古代印度文化的重要史料。

　　玄奘建立了翻译经文的新规定，提倡忠于原著、逐字进行翻译，这样既不丧失原本的意思，又便于中国人阅读。他通过翻译经、论，创立了中国佛学的一个重要宗派——"唯识宗"。

　　玄奘应唐太宗想要了解西域国家的要求，写了《大唐西域记》和《大慈恩寺三藏法师传》，记载了西域、印度、锡兰等138个国家的历史、地理、宗教、神话、物产、气候、风土人情等，对后人考证丝路起到极为重要的作用。1300年后，印度的考古学家根据他的记载，终于发掘出了埋没了几百年的古代印度佛教圣地——那烂陀寺遗址。而《大慈恩寺三藏法师传》则是按照玄奘经过的路线记述，清楚地反映了唐代中外陆路交通路线的脉络。

　　玄奘还在印度专门下功夫学了印度古代佛教的逻辑学，被称作"因明"，回国后又特地翻译了因明学的著作。他把印度的大小乘经学传入中国，充实中国的佛学，之后还把印度的历法、医学、天算、艺术等也传入了中国。

　　玄奘曾为戒日王讲解中国文化的情况，又介绍当时流行的"秦王破阵乐"，他还把老子的《道德经》翻译成梵文，介绍给古印度，而

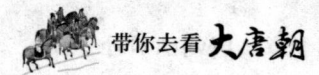

且把已经失传的"大乘起信论"重译为梵文,为印度保存了珍贵的文化遗产。

玄奘由于西行途中受到了风寒,以及常年翻译经文,身体受到很大的损害,于644年圆寂,世寿63岁。

所以说,历史上的玄奘法师绝不是《西游记》中那个肉身凡胎、优柔寡断的迂腐和尚,而是一位智勇双全、刚毅果敢的一代人杰。作为一位佛教高僧,一位大翻译家,玄奘为中国文化的发展以及中印之间的文化交流作出了巨大的贡献。今天,玄奘取经的故事,不仅为中国老百姓所熟知,也在印度广为流传。在印度的那烂陀寺旧址,还建有玄奘纪念堂。玄奘的名字将永远被人们记住。

3. 鉴真东渡之旅

唐代赴日本传法的僧人鉴真,在日本国人被称为"过海大师"或"唐大和尚"。鉴真俗姓淳于,扬州江阳县人,14岁于扬州大明寺出家,曾巡游长安、洛阳等地,回扬州后,修崇福寺、奉法寺等大殿,造塔塑像,宣讲律藏,身体力行地宣扬佛道精神,四十余年间,为俗人剃度,传授戒律,先后达4万余人,江淮间被尊称为"受戒大师"。

那时,日本佛教戒律不完备,僧人不能按照律仪受戒,733年即日本天平五年,僧人荣睿、普照随遣唐使者来到唐朝,走访大大小小成千上万座寺庙,持续10年,目睹了唐代高僧的佛道之气,最终决定邀请鉴真大师去传授戒律,这便是鉴真东渡日本的原因。根据史书记载,当时日本"中大兄皇子"即日本第38代天皇,称为"天智天皇",与唐朝军队在朝鲜白村江交战,被唐朝军队以寡击众,3万精锐部队被打得落花流水,溃不成军,但他与心腹大臣藤原镰足却没有怀恨在心,而是反过来思考自身的不足,开始踏入大唐国土,派出一批批的遣唐使和留学生去吸收大唐文化,打开了中日文化交流的大门。

第一次东渡时,正值742年冬,鉴真及弟子21人,连同四名日本僧人,到扬州附近的东河既济寺开工造船,准备东渡。这件事也算是个大事,朝廷哪能不知道,当时日本僧手中持有宰相李林甫从兄李林宗的公函,因此地方官扬州仓曹李凑也就可以援助,这可是提前做好了文章。可是在东渡之前,与鉴真大师同行的徒弟跟一个和尚开玩笑,结果和尚恼羞成怒,当时海盗猖獗,于是和尚就诬告鉴真一行人造船为的是与海盗勾结,淮南采访使班景倩闻讯大惊,于是派人拘禁了所有僧众,不过很快就又把这些僧人们放出,同时勒令日本僧人立刻回国,这直接导致第一次东渡夭折。

等到744年1月,在做了周密计划筹备后,鉴真等17位僧人,其中还包括潜藏下来的荣睿、普照,在当时还连同雇佣的工人共85人,总计100余人再次出发。但是尚未出海域,便在长江口的狼沟浦遭遇狂风大浪,导致沉船,紧急抢修后刚一出海,又遭大风,漂至舟山群岛一小岛,五日后众人获得救助,转送明州阿育王寺安顿,大家开始深刻思考如何应对天象,并进行了周密计划,但是开春之后,越州、杭州、湖州、宣州各地寺院皆邀请鉴真前去讲佛法,于是第二次东渡又没有成功。

结束了巡回之后,鉴真回到了阿育王寺,着手准备第三次东渡日本,此事不知何时传到越州僧人那里,为了挽留住鉴真,他们便向官府控告日本僧人潜藏在中国,想要引诱鉴真前往日本国土,于是官府将荣睿投入大牢,遭送至杭州,好在荣睿途中装病诈死,才得以逃脱官府法网,第三次东渡就此作罢。

在官府的严格控制下,江浙一带不便出海前行,于是鉴真决定从福州买船出海,带着30余人从阿育王寺出发,可是一行人刚到温州便

第十章 唐朝的对外交流

被截住，原来鉴真留在大明寺的弟子灵佑担心师父一行人的安危，苦求扬州官府前去阻拦，于是淮南采访使派人将鉴真一行截回扬州，第四次东渡日本之行宣告失败。

虽然经历一次又一次的失败，但是这一行人没有选择放弃，而是继续筹备计划，等待天时地利人和的机会。等到748年，荣睿、普照再次来到大明寺，诚心恳请鉴真东渡，鉴真携14名僧人，还配备了工匠、水手等35人，在阴历六月二十八日从崇福寺出发。为了顺风出行，鉴真一行人出长江后在舟山群岛一带停留了数月，直到十一月才决定出海前行。不料在东海之上，他们的船遭遇到强大北风，连续漂流大约14天后才看到陆地，16天后才顺利踏上岸边，竟发现已经漂流到了振州，于是选择入住大云寺，就这样这一行人在海南停留了一年，为当地带去了许多中原文化和医药学的相关知识，直到今天在海南三亚仍有晒经坡、大小洞天等鉴真一行人的遗迹。之后，他们选择向北返回，经过万安州、崖州、雷州、梧州到达始安郡，在始安的开元寺，他们一行人又住了一年，之后又被迎接到广州讲佛法，可是在途经端州时，荣睿病死在了龙兴寺。到达广州后，经过一些大师的讲解，鉴真又前往天竺，停留了一些时日。入夏之后他们继续动身。经韶州时，普照离去，在他们分开时，鉴真说不会再去日本。此时，鉴真由于水土不服，再加上旅途劳累，同时又被庸医所误，导致双目失明。接下来鉴真经过吉州、庐山、江州、润州江宁县，一路颠簸又回到了扬州，这是第五次东渡日本，仍旧不太顺利。

753年，日本遣唐使藤原清河、吉备真备、晁衡等人前往扬州，再次恳请鉴真东渡。当时唐玄宗崇信道教，意欲派道士去日本，可是被拒绝，因此便下令不允许鉴真出海，但是鉴真秘密乘船至苏州黄泗浦，转搭遣唐使大船，终于，在当年十二月二十日，抵达日本萨摩，成功踏上日本岛。

鉴真东渡日本之旅，对日本文化添加了浓墨重彩的一笔，对其佛教、医学、书法、建筑、雕塑等方面均有深远的影响，同时鉴真主持修建以大唐佛殿结构为蓝本的唐招提寺，成为日本建筑史上一颗耀眼的明珠，保存至今。

第十一章

唐朝的社会保障

唐朝时的完备律例以及养老机制为社会的稳定繁荣提供了一定的保障。除此之外,强大的军事力量和科技的快速发展也成为唐朝综合实力的象征。

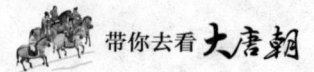

1. 唐律,中国古代最早最完备的法典

在中国古代司法史上,《唐律》拥有完备的体系,是中国古代最早最完备的法典,由于唐朝的巨大影响力,这部法典对东亚邻国也产生了深远影响。可以说,大唐王朝辉煌的背后,除了帝王韬略和贤士的谋略,这部法典也是一个强大的根基。它有多强大呢?举几个例子就明白了。

治国关键在于"治吏"。接下来以古代社会最常见的"贪污受贿"为例,讲一讲整治的措施。

措施一:官员贪污受贿被查出,其亲属会从上层沦落到下层,有的甚至沦为奴役,其后代子孙不能参加科举,不能走仕途。

对于官员的近亲之人,亲属的连罪是不可忽视的,先秦就有"一人有罪,并坐其家室"的规定,唐律在这方面的规定也相当明确。

有史料记载,代宗永泰二年(766年)九月,宣州刺史李佚被发现贪污受贿二十四万贯,这可不是个小数目。被发现后,对他的处罚是当场处死。家属当官的被免职,家人要被罚做奴役而且还要没收其全部家产。

第十一章 唐朝的社会保障

到了唐文宗时期,法律规定更加严格,任刺史、督察等官吏,如果因贪污受贿罪被查出,仍然要受到重判,督察官员不能很好地履行其职能,监守自盗,其子孙后代再无法继承其父母的官位和监察类官职,以达到"家知其耻,人革非心"的训诫目的。

措施二:官员的家属贪污受贿、收取钱财也获罪,视情况而定。

《唐律·职制律》规定:各位督察的家人和下属,出现贪污受贿、借贷、役使等情况的,受贿者获罪二等;督察官僚如果知道这件事,也处以相同的罪状,如果不知情就降低惩罚。可见,在唐律中,官员家属贪污受贿、收取钱财也获罪。

从律文来看,对这种情况的规定也有很多案例。唐高宗时,苏良嗣曾在李显府中任司马,在当时对李显的帮助和教导十分有用,唐高宗因此对苏良嗣非常重用,后升他为洛州长史一职。随着他的官越来越大,他的妻子不安分起来,开始借苏良嗣之名收受贿赂。结果这事被告发到了朝廷,因此苏良嗣受牵连降任为冀州刺史。唐玄宗时,张嘉贞本是中书令,因弟弟嘉祐收受贿赂,最后虽然受到了皇帝宽恕,但仍被降至幽州刺史。唐文宗时,六部的一个员外郎韩益也因弟收人贿赂被贬为梧州司户。看来,唐代为了防止官吏受贿枉法也是想尽了办法和措施,同时严格防范和打击了官吏家属利用官吏权势搜刮百姓的财产的恶劣行为。

措施三:举荐要负责,所举者收受贿赂,举主也要受到惩罚。

隋朝开始实行科举制,唐代虽然以科举制取代九品中正制,但荐举制仍然是重要的选官方式之一。为了避免荐举的人借荐举制度为自己办事,举主举荐也要受到制裁处罚,荐举人和被荐举人的行为是一

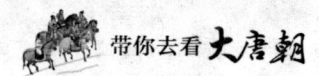

体的。

宪宗元和六年（811年）十月，中书上报朝廷：有的人推荐县令，到任后乱用刑罚收受贿赂，他的举荐官和本人现已停职查看。元和十一年（816年），中书又上报朝廷：所举荐的人和事与察举制不相符合，到任做官后不称职，经常误判，并请上报朝廷惩罚其荐举人。太和七年（832年）五月二十五日，中书又上报朝廷：刺史所举荐的人，如收受贿赂一百贯以上，举荐的人要降职，后根据钱数逐级惩罚。如此说来，这荐举者和被荐举人可是坐在了同一条船上，一起受罚。

措施四：官员同出一门，收受贿赂也要一同贬官。

唐朝时期的门人指同出一个学校或者师出同门，因政治、经济利益的关系而结集成某个流派。在贪污受贿的连坐之中，门人被牵连也是常有的事。门人同坐，也可分为自己为老师所牵连与老师为学生所累两种。

要说自己为老师所累，最出名的是唐朝巨贪元载这个门主了。元载曾因与权臣李辅国的妻子出自同族，得到举荐。后来唐代宗临朝，元载又得到提拔，擢升为同平章事，相当于副宰相一职，于是他举荐杨炎任其门下侍郎平章事，把他收为自己的学生，这时的杨炎可以说在与元载有关系的门生中算是比较亲近的了。可是好景不长，元载因贪污重罪倒台，杨炎也受到牵连，被贬为道州司马，再不复当年风光。

措施五：上级官吏要看好自己的下属，下级收受贿赂，上级也要受到惩罚。

下级官吏犯罪，往往牵连上级官吏同罪。唐肃宗时，上元元年正月曾下旨:"县令手下的丞、簿等收受贿赂,县令也受到惩罚,其罪为管教不严,相互连坐。"如此问责,是防止官员之间包庇袒护而制定的。因下级贪污枉法连累上级的案例有许许多多,据《册府元龟》记载:穆宗时,杨虞卿做吏部侍郎,他的手下收受贿赂三十万,虞卿把其手下送狱,虞卿受到连坐而被免官。唐玄宗时,汴州刺史齐瀚因手下判官收受贿赂,齐瀚连坐,遂废官回到乡下种田。唐代下级官吏收受贿赂遭贬官,长官要承担连带责任,根据情节的不同,一般处以除名、免官、贬官等处分。

元和十五年(820年),唐宪宗崩,中书侍郎、同平章事令狐楚被任命为山陵使。六月时,山陵毕,恰好有人告发令狐楚的亲吏收受贿赂一事,由此,令狐楚被贬为宣歙观察使,待他到奉山陵时,又因为亲吏行贿一事再次被人状告,他的亲吏下狱服罪,全部被杀,令狐楚再贬衡州刺史,真是被下属给连累惨了。

元和八年(813年),京兆尹窦易直命令下属官吏韦正晤审讯万年尉韩晤收受贿赂一案,审得的最终结果是得赃三十万。可是唐宪宗觉得他不可能只贪污了这么少,继续追查,发现赃款有三百万。唐宪宗认为窦易直和韦正晤包庇韩晤,怀疑他们可能也收受了贿赂,对他们有所不满,将二人贬职。

不管是什么朝代、什么时期,立法者对犯罪的预防和惩治都是不能忽视的。除了在官员层面外,在百姓层面和法律层面的考虑也需要周到完备。比如,冤假错案。冤假错案不仅伤了被冤枉者及其家人的心,也无端放走了真正的罪犯,更对社会的安定埋下了隐患。所以说,对冤假错案的追查是非常必要的。在这一点上,比起之前的王朝

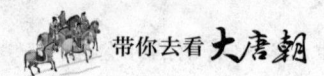

来，唐朝法律实行错案追责制度，是一个巨大的进步。

当然，这并不是说唐朝之前的王朝对冤假错案听之任之，其实他们也对这些冤假错案不能容忍，但奈何追责难度太大，很多时候官员如何判案，哪些官员参与都是一笔糊涂账。但到了唐朝时期就不一样了，只要面临死刑等重大判决，就会实行复奏原则。

到底有多谨慎呢？唐朝时地方政府判死刑，需要经过三次复核，而在京城判死刑需要经过五次复核。如果官员十分草率地判人死罪，在之前可能就是批评几句，不会把判决的官员革职或处罚，而在唐朝时这种行为就是严重违法。

判决不能再草率了，也不能再任性了，经过集体商议之后，参与讨论的官员需要签字入档案，这些档案会被存放在甲库。白纸黑字写着，谁都逃脱不了责任。可以说，正是因为唐朝时冤假错案的减少，一定程度上稳定了民心。

唐朝法律分为律、令、格、式四种。律是刑法典，令是指制度规定，格是对律法和令法的补充修改，其中也有禁令的汇编，式则是各项行政法规。

《唐律》并不是唐朝开国皇帝一开始就制定好了的，而是传承了隋朝的法律，经过《武德律》《贞观律》《永徽律》三朝修正而来，在唐太宗时才宣告完成。为了维护统治，唐朝律法将谋反、谋叛等反对朝廷的行为定作不得赦免或赎免的"十恶"大罪，也有一系列保护相关土地私有权的条例，维护了经济基础。由于阶级性质，贵族、富人、官僚受到了一定的不平等的法律保护，在与庶民触犯同样的法律下可减刑或免刑。

2. 唐朝时的武器装备

唐初的名将有李靖、秦琼，晚一些的有薛仁贵、苏定方、刘仁轨等，盛唐后有郭子仪、李光弼，乃至后期的李晟、李塑父子，个个都有拿得出手的战绩。

军事是个科学活、技术活，涉及很多先进的科研技术，那么在繁荣的唐朝时期，武器装备是怎样的呢？当时不仅要看将军打得多厉害，还得看士兵的装备、团队的配合及战略战术的使用，这些复杂的问题，往往能反映出战争的真实面目。

唐朝是中国古代最辉煌的一个王朝，在中国古代占有重要的历史地位。作为国家国防基础的军队又装备了些什么武器呢？

俗话说"工欲善其事，必先利其器"。一个将领手下肯定有成千上万的士兵，而士兵首先要有精良的武器，才能多打胜仗。早在1400年前，为大唐帝国的统一而征战四方的秦王李世民，他多次平定中原征战四方，靠的就是多年打仗的经验总结，亲自设计并打造的秘密武器——玄甲铁骑。这种武器在当时为唐朝的统一和唐朝后期的维持统治起到了积极作用。玄甲铁骑的作用很大，可以对士兵将士进行全方位防护，当时是冷兵器时代，没有现在的各种飞机、坦克、大炮，玄甲能够起到一定的保护作用。正是凭借玄甲铁骑，唐朝军队取得了多次碾压性的胜利，其中有一个教科书般的战例，即虎牢之战。玄甲铁骑在这场战役中起到了关键性和决定性的作用。

在唐朝中叶以前，一种叫槊的长矛取代之前的戟，是骑兵的主要装备，但在唐朝中叶以后，标准的长枪取代了槊的地位。根据《唐六典》记载，当时士兵使用长枪的用途很广泛，除了用来打仗还有许多其他作用，如安营扎寨时可以当作杆子支撑帐篷，防守时可以当拒马，渡河时可以用来捆扎木筏。

刀是士兵的另外一种必备武器，有两种，一种是佩刀，另一种长柄的刀叫陌刀，也称拍刀，陌刀有两个刃，长一丈，一般是步兵使用。

介绍完了近程武器，接下来介绍一下远射武器。唐军装备的主要远射武器是弓箭，几乎所有士兵人手一个。弓箭的射程随弓力不同而远近不同。唐军也和隋军一样，强调强弓劲弩，弓弦张满就射，对射箭的精确度要求不是很严格。唐代王踞所著《射经·马射总法》写道"势如追风，目如流电，满开弓，紧放箭"，可见唐朝时对弓箭手要求的是射程和火力密集度，主要是负责起到压制作用。

要想完全张开当时的弓，需要费很大的力气，一般人很难拉开这种弓，在当时需要先训练再使用。当时制作箭杆所用的材料也不同，大多是木制或竹制的，一般来说，南方所生产的基本都用竹，而北方地区用柳，西北和东北多用桦木。这根据地域的材料而不同。当时箭头大多为钢铁制作，箭羽一般以雕翎为最好，其他的质量从高到低依次为角鹰、鸱枭、雁鹅羽。

第十一章　唐朝的社会保障

除了进攻武器，防护装备也是必不可少的。唐军的防护装备主要有铠甲和用牛皮制作而成的盾牌。铠甲方面，唐军装备最主要的铠甲是明光铠，在当时地位之高，名列《唐六典》的甲制之首。明光铠在继承之前铠甲优点的同时又对铠甲进行了改进，比如加上批膊和膝裙，也改进了头盔，更加方便士兵使用。

盾牌方面，当时唐军盾牌有方形和圆形两种。方形盾主要让步兵使用，包括手牌、彭牌、燕尾牌、推牌等多种样式。圆形盾又称团牌，因为灵巧方便，主要让骑兵装备使用，但是步兵也有使用的。

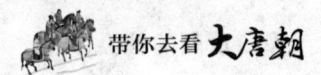

3. 唐朝时的养老政策

老有所终，壮有所用，幼有所长，矜寡、孤独、废疾者皆有所养——这就是古代社会的理想模式。

大唐是我国封建社会发展的鼎盛时期，不仅在政治、经济、文化等方面卓有成就，在养老方面也取得进步。当时的政策制度还是比较宽松的，对官员的养老与普通百姓的养老制度分别有各自的规定，但也都有适用条件，不是随随便便就能享受的。

古代史书中把官员退休养老称为"致仕"，对于唐代官员的致仕条件，早在一些书籍中就有记载，例如《通典》卷中提到致仕主要以年龄和身体状况而定，一般来说，年七十以上应致仕，但若政绩显赫，还没有过于衰老，应延长致仕时间。致仕的标准还是比较灵活的，也会考虑其官吏年龄、身体、个人政绩情况，可以提前或者推后，但绝大多数朝中官员是七十岁左右养老退休，基层官吏同样如此。对于五品以下官员，他们可以直接向吏部提交辞呈，而五品以上的官员需要皇帝的建议，有些朝廷要员到八十岁依然无法告老还乡。

史书上记载了一位老先生，名叫宋璟，在732年他年满七十岁，便给唐

第十一章 唐朝的社会保障

玄宗上书，一再恳求隐退。但由于他身为朝廷要官，一直身体力行国家政策，在他70岁时并没有太过于衰老，所以虽然他多次请求，但诏令不允许，他也无法退休。当然，这种人占少数。

而关于平民百姓的养老制度也有很多的条条框框，在那个时期，18岁至20岁为中男，21岁至59岁为丁男，而60岁以上为老男。老男可享受授田40亩，其中20亩为永业田，其余为口分田，免除课役，而且也没有兵役的征发任务的养老权利。口分田是指按人口分的田地，人在死后还得交还给政府，而永业田就好理解了，意思是不用归还的田地。

一般的百姓，从20岁至60岁，要为国家服役。不同的君主与不同的时期，会针对不同的国情发布不同的服役时间。服役对于他们而言是一种比较沉重的家庭负担。服役制度中明文规定，家有年龄80岁的老人，国家给侍丁一人，对于90岁老人，则给侍丁二人，而百岁老人则给侍丁三人。侍丁是一种赠予身份，拥有这种身份，则不用再为国家服役，这种政策是为了让这些老人老有所依。在当时朝廷也没有明确下令要求大家与父母住在一起，而是采用政策去引导，唐朝时强调的就是孝道，以孝治天下，闻名于历史。

在当时还有一个政策，子女不仅要在生活起居上照顾与赡养老人，而且要在精神上保证他们的心情愉悦，这被称为"色养"。所谓色养，就是奉养父母时要和颜悦色，不能让老人不开心。所以，不管是一般家庭，还是官宦人家，老人都要有所养，有所乐。如果儿媳妇不能色养公婆，那就可以成为丈夫休妻的理由，大唐时期养老的力度可见一斑。

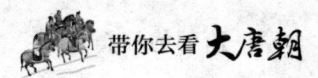

4. 大中之治，短暂的繁荣局面

唐朝的"小太宗"指的是唐宣宗李忱，他是唐朝第十八位皇帝，出生于大明宫，在唐穆宗长庆元年（821年）三月被封为光王。会昌六年（864年）三月，唐武宗弥留之时，把37岁的光王李忱立为皇太叔，成为皇位的继承人选。他治理朝政之举也被后人连连称赞，其中有一举就是大中之治。

唐宣宗继位后，他致力于改善中唐以来所遗留下来的各种社会问题，对内贬谪李德裕，结束了长达半个世纪之久的牛李党争，抑制了宦官势力与一贯嚣张跋扈的藩镇势力的过分膨胀增长，打击了不法权贵、外戚。

根据史实，唐宣宗在位期间，勤俭治国，体恤老百姓，下令减少赋税，注重人才选拔与任用。这些举措使得大唐国势呈现回转，朝政中阶级矛盾有所缓和，百姓生活日渐好转，使得大唐暂时转危为安，获得一派祥和之气，出现了所谓的"大兴"局面。

对外唐宣宗接连讨伐吐蕃、回纥、党项、奚人，不断地收复安史之乱后被占领的大片土地，也创造了不朽的历史佳绩。唐宣宗从846年

第十一章 唐朝的社会保障

就开始掌管大唐政权,直到859年离世,历时十三年。

在此之前,大唐可是经历过安史之乱与二王八司马事件,这对大唐来说是接二连三的要害之击,之后出现的第一个盛世就是唐宣宗在位的这十三年,在这段时间里,宣宗用自己的努力创造了繁荣大和的局面。

其实这次兴盛发生在唐朝后期,随着社会经济的恢复与发展,综合国力的不断提高,唐宣宗开始针对中唐以来所遗留下的严重社会问题进行了相应的社会政策制度改革。他采用一些政策,罢黜了一些权贵,大力铲除奸佞之臣,还为"甘露之变"中受冤屈的朝臣洗刷了冤屈,让政局混乱的局面得到一些改善,不仅抑制了宦官的势力,而且还打击了嚣张傲慢的权贵外戚。此后,他又通过一些改革方式,用智取的手段把权力从宦官手中争夺回来,使得宦官专权乱政的现象大大减少,最后他通过经济政策,发展经济,恢复生产力。

除了以上改革内容之外,还包括在思想方面的政策。唐宣宗的思想非常开明,他推崇佛教佛法,在对待传统文化思想方面拥有独特的见解。

在这段时间,各种思想其实都得到了蓬勃发展,出现了儒、释、道三教并立的局面,这也是人类思想文化史上一个繁荣的阶段,得到了史学家高度的政治评价,使其成为唐朝最后一抹灿烂的晚霞。

根据史书记载,在唐宣宗的带领下,沙州人张议潮领导沙州等地人民摆脱吐蕃贵族的统治,驱逐了河西地区的吐蕃守将,使瓜、沙等十一州又重新回归大唐。到了咸通七年(866年)二月,张议潮表奏朝廷,下令回纥首领仆固俊克复西州、北庭、轮台、清镇等城。同年十月，又令仆固俊与吐蕃大将尚恐热交战，一举大败吐蕃军队，并且斩杀尚恐热，搬首至京师，使得吐蕃余众逃奔秦州，途中遭尚延心袭击，再次大败，奏迁于岭南，于是使得吐蕃军心涣散，节节溃败。

可以说，大中之治是中国历史上屈指可数的好政举，大中之治的政治举措成为之后各个朝代所关心的热点问题，其中为了整顿吏治和朝廷颁布的各项相关国家政策也成为后代的改革家们参考的样本。

这个时期是我国封建社会从前期向后期转变的关键时期，大唐发生了深刻性的社会变革，"大中"十三年也维持了稳定的政治局面，宣宗皇帝在抑制宦官张狂势力，以及处理边防事务方面获得不小的成绩。除了政治作为，在当时的法治建设方面，他也赢得了军心民意。实际上，大中之治并没有完全达到稳定政局的效果，在宣宗皇帝晚年，国内早已出现宦官乱政现象，在他驾崩后不久，就爆发了寇乱。但是大中之治中的政治举措，无论是在经济方面，还是思想方面均得到了一定的发展，也确实改变了当时混乱的局面，使已衰败的朝政呈现出中兴的小康局面，挽回了大唐的雄威，其历史地位也不容小视。

第十二章

唐朝杂记

　　唐朝真的出现了世界上最早的报纸吗？唐朝时士人的状况及入幕的真实原因是怎样的？著名的冷兵器——陌刀，究竟威力如何？一代名臣狄仁杰真的是神探吗？

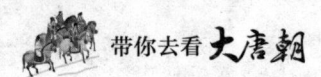

1. 唐朝最早的"报纸"

"烽火连三月,家书抵万金。"可见信息的重要性,无论古今都是一样的。众所周知,中国是人类文明的发源地之一,世界上最早出现报纸的国家也是中国。

在唐代,朝廷采取了一种特别的制度,那就是藩镇制度,藩镇割据是我国历史上一个重要的现象。在当时藩镇势力越来越强大,各藩镇的办事代表也就是当时的"节度使"陆续在京都设立自己的办事机构,当时叫作"邸",后来又改名叫作"上都知进奏院",简称"进奏院"。这里的负责人也就叫作"邸吏"或者是"进奏官"。他们的职责是为地方长官呈递奏章,传达文书,办理需要和政府中枢各部门请示汇报、联系交涉的各项事宜,也为地方了解、汇集和通报各项消息,这些都是他们的工作内容。

这个时期的报告已经跟之前的诏书性质的文件不一样了。他们只是一些邸吏或者是进奏官们为地方长官了解、汇集和通报每一个消息而传抄的报告。诏书是具有强制性的行政公文,而这些报告只是提供信息,并不具备诏书的性质,所以它是一种专门用来传递新

第十二章 唐朝杂记

闻的渠道。而"邸"或"进奏院"这样的机构，是当时的信息中心。藩镇首领们设这种机构的目的就是能在首都了解朝廷和全国的时事动态。但是在当时这些报告并没有固定的称呼，有的称"进奏院状报"，也有的称"状报"或"报状"。所以，可以这么说，如果唐代确实存在"进奏院状报"的话，那么它将是我国最早的"报纸"雏形。

现在需要证明的就是，唐代是否真的存在"进奏院状报"。在这里有两种方法可以证明。第一种方法是在一些古代书籍中找到有关类似这种形态的"报纸"存在的真实记载，第二种方法是找到"进奏院状报"的实物来证明。

先说史料的记载。在唐朝人的著名作品和有关唐代的历史书籍中，已经出现"新闻""编辑"等名词，而"报""杂报"等词语，使用得更加频繁。在一些著名作品中还对此做了详细的描述。其中最有代表性的是一个叫孙樵的人在自己的著作《经纬集》中的一篇文章《读<开元杂报>》。

孙樵曾在851年创作《读<开元杂报>》，正是在同一年，他科举中了进士，由襄汉（如今湖北一带，这里是他的家乡）到达长安。在这里，他看到了"进奏院状报"之后，回忆自己在家乡曾经见到的出自开元年间的报纸，然后写出了这篇文章。

在这篇文章里，孙樵形象地描绘了《开元杂报》的有关情况，这是研究我国最早的报纸产生情况的宝贵资料。在文章里，有关《开元杂报》的外观提了两点：第一点"数十幅书"，这里的意思是好多张都没有加装订的单页书面材料。第二点"系日条事，不立首末"，

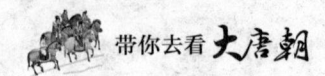

意思就是按日记事,没头没尾,每页之间互相没有衔接。而有关它的内容,文章中也举了几个例子,如"某日皇帝亲耕籍田,行九推礼""某日百僚行大射礼于安福楼南"等,后来孙樵拿《开元录》证实了一下,得到"条条可复"这个说法,也就是说这些都可以得到印证。《开元录》讲的是关于唐朝开元年间的编年史,据说现在已经看不到了。但从其他的史书中仍然可以验证,《开元杂报》的内容的确是发生在开元年间的事件。

孙樵曾经把在襄汉看到的《开元杂报》跟后来在长安看到的"条报朝廷事者"做了比较,然后得出的结论就是它们是同一类型的东西。它的存在是唐朝中期后逐步发展起来的"进奏院状报"的一个证明。

把它和现在的报纸比较一下,就可以了解到孙樵所看到的"数十幅书",在当时并没有正式的名字,"开元杂报"只是孙樵随意给它起的一个名字。它没有固定的刊期和报头,也不知道有没有印刷过,但是可以知道的是它肯定是经过许多份的复制的,而且它的内容记录的是近来发生的新闻,从这一点可以认为它就是我国的早期报纸。这恰恰也证明了孙樵《读<开元杂报>》一文中引述的史实的上限,也就是开元十二年(724年)。孙樵的《读<开元杂报>》虽然从史实上为我国唐代"报纸"的出现提供了有力的证据,但<开元杂报>已经不存在了,让人感到非常遗憾。

在20世纪80年代,先后发现了两份唐朝"进奏院状报"的原件,这再次为我国古代报纸的产生提供了有力证据。现在这两份"进奏院状报"分别保存于英国伦敦大不列颠图书馆和法国巴黎国立图书馆。

第十二章　唐朝杂记

他们都是唐僖宗年间由驻在沙州的归义军节度使张淮深派驻朝廷的进奏官发回沙州的，而当时的沙州在现在的敦煌地区，这两份进奏院状又都是曾经长期封存于敦煌莫高窟内，所以它们算是属于敦煌的文物，现在被称为"敦煌进奏院状"。

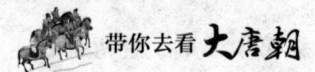

2. 唐朝的士人入幕

在古代,"士人"指的就是知识分子。唐代的很多士人都入幕,其中就有不少著名的诗人、文学家。尤其是唐朝后期,士人入幕也开辟了士人入仕的途径,同时也为国家提供了大量可造之才。同时士人入幕还促进了唐代文学的发展,出现了一大批优秀的唐诗、小说作品,从而丰富和发展了唐代文化,为后世提供了优秀的文学财富。

入幕指的就是进入幕府担任某项职位,就类似于现在的秘书一职。唐代入幕的士人可分为白身、现任官、前资官、科举者等四类人员。其中前资官是指担任过官职,到了一定的期限需要待选的官员;科举者指科举后取得功名,但尚未担任官职的人员。由于幕府用人不问出身、资格,只要有才就任用,因此在这一时期,幕府中有大量人才。尤其是安史之乱以后,唐玄宗下诏,允许各府自行选择人才,这一令下后,各地政府就开始争相收聚人才,就此拉开了与朝廷争夺人才的序幕。

以白身为例,唐代著名诗人李白就是其中一个典型的例子。天宝初年,李白从现在的四川入长安求官,只获得翰林供奉之职,此职在

第十二章 唐朝杂记

当时并不是政府正式人员,后人称李白为翰林学士,其实是对他的尊称,因为翰林学士之职的出现还在多年之后,李白实际上还是没有担任政府正式人员。后来李白因为怀才不遇离开长安,周游各地。到了安史之乱发生时,唐玄宗命永王李璘任东南节度使一职,李白被招至其麾下,成为他的幕僚。后来李白发现李璘谋反,就辞官逃到彭泽。尽管如此,他还是受到了永王李璘的波及被流放到了偏远地区,直到遇到了大赦才回来,在途中酒醉乘舟,落水而死。当然,白身入幕者并非李白一人,只不过他是最典型的代表而已。

唐朝后期,随着科举制的不断发展和完善,大量科举人才出现,人才之盛,达到文人顶峰。著名诗人孟郊在科举中取得名次后,朝廷仅给了他一个偏远地方的小官,后经另一诗人李翱的推荐,于是到了节度使郑余庆幕中任参谋一职,时间达十几年之久。晚唐另一著名诗人李商隐,是进士出身,节度使王茂元爱其才,就任命他为掌书记,还将女儿嫁其为妻。但是到了唐朝后期,朝廷朋党之争严重,因王茂元为李党之人,李商隐受其牵连,被其他党之人排挤,不被重用,后被贬到了偏远地区。

由于在当时士人入幕成为为朝廷效力的一种方式,大多诸侯大批吸收人才,从而为当时国家储备了大量的人才。

唐代士人入幕成风既有政治、经济和文化等方面的原因,也有社会原因。在唐朝初期,入仕为官的途径主要有门荫、科举、行伍、流外入流等,门荫主要针对的是贵族官僚子弟,自己家族继承;而流外入流和行伍,是受文士所鄙视的。剩下的就只有科举一条路了,但是这种考试出题和看题者随意性很大,受主观影响比较强,就连唐代著名的诗人杜甫、孟浩然、温庭筠这样的大才子也会落榜,致使一批有才之士得不到任用,这对社会和国家来说,都是一个不小的损失,而投入幕府则是一个很好的途径。因此幕府制的存在,对国家与社会都是有利的。虽然唐代每年都举行科举考试,此外还有考核官员的考试制举,科举取得名次后就获得了做官的资格。但由于国家官员编制有限,所以尽管录取了大量人才,但没有相应的空缺职位,这种情况在唐后期愈加严重。于是当时朝廷就设计了一个待选的制度,规定根据科举名次的不同而进行选择。待选时间满后,才能赴京参加吏部主持的官员选举考试,然后获得官职。由于编制有限,并不能保证参选者都能获得官职。唐朝一任官为三至四年,任满后又要再次选择,除非五品以上的官员,才可不再参选,而是由宰相或皇帝直接任命。这也是导致大批士人在科举成功后选择入幕的重要原因。

唐代也有不少士人走向边塞,希望为国家建功立业实现自己的理想。比如诗人王昌龄,长期在边塞地区任职,他在《从军行》一诗中写道"黄沙百战穿金甲,不破楼兰终不还",就表达了为国家建功立业的远大志向。高适在《塞上曲》一诗中写道"万里不惜死,一朝得成功",表达出为了建功立业,不惜牺牲生命的情操。他们都是在报国无门的情况下,希望实现自己的理想,甘愿赴边塞入幕,以便为国效力。

在唐代士人中也有因为家庭经济条件贫困的原因而入幕者。如杜甫在安史之乱时,生活没有着落,秦州一度沦落到负薪拾材,自家孩子饿得大哭,只好入蜀投身于严武幕府,幕职官俸禄优厚,职权颇重。这也是吸引士人入幕的一个原因。唐前期在京官俸禄高于外官,

第十二章 唐朝杂记

后期外官则厚于京官，以致出现了京官都不愿留在中央，想要外放的现象。幕职官的俸禄比外放的官更高，所以入幕府的人络绎不绝。至于职权之重，有些甚至超过了刺史、县令等职位。

同时士人入幕改变了唐代幕府官员的结构，促进了当时文学创作的繁荣，出现一个时代的标志——唐诗。此外，士人入幕也扩大了士人的生活和学习视野，从而为文学创作提供了更多文学素材，繁荣了唐诗文化的创作。如果没有士人入幕，唐代的边塞诗派就不会达到一定的高度甚至出现繁荣。由于士人任幕职官时，长期客居外地，不免思念家乡和亲朋好友，心有所感，创作了大量的诗篇流传后世，如杜甫的《月夜》、张继的《枫桥夜泊》、李商隐的《夜雨寄北》等都是在这些环境下创作的。士人入幕使唐朝在士人入仕方面多了一条途径和方法，对后世产生了较大影响，到了后期五代十国、宋代均沿袭了这种选人制度。大量士人入幕改变了唐代幕府官员的结构，同时也提高了官员的自身素质和施政能力。

入幕的士人由于经常调动官职，在调动的同时增加了见闻，许多人热衷于对各种奇闻轶事的收集，而这一切正是小说创作的源泉。入幕士人将其所见所闻写成了各种各样的小说。此外，唐代的不少笔记小说也出自入幕职官之手，据统计，他们共创作了600篇左右，约占全部唐五代笔记小说的三分之一，可见数量之大。这些笔记小说大体可分为三类，即记事、抒情、议论。其中的记事与议论两类，均具有一定的史料价值，是研究唐五代历史文化不可或缺的重要资料。

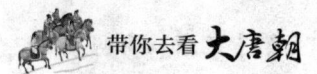

3. 唐朝冷兵器——陌刀

唐朝的四大军刀分别是仪刀、障刀、横刀、陌刀，人们习惯以"唐刀"作为四种军刀制式的总称。大唐时期我国的刀剑可是达到了巅峰，但四种军刀中仅有"陌刀"驰骋于战场。

陌刀作为我国唐代长柄刀的一种，是由当时步兵所持，其形制多样，有斩马剑升级版、刀柄可拆卸式、柄特长而刀身特短的三尖两刃刀式，陌刀刀身大多较窄，呈弯曲弧度。由于当时各大都护府自制军备，导致了其风格迥异。陌刀是由西汉斩马剑发展而来的，同时又吸收了汉露陌刀及六朝长刀的形制与冶炼技术。

陌刀开始流行于高宗调露前后至开元十年，它在当时拥有具体的铸造、贮藏与管理部门，最初使用它就是为了对抗突厥骑兵，在战争中用以追击与砍杀。由此可以想象，陌刀无疑拥有强大的威慑力。遗憾的是，陌刀只在史籍上有记载，因为陌刀不允许陪葬，也禁止民间私造、私藏，故而存世极少，所以至今并没有陌刀实物的出土。由于缺乏有力的考古证据与出土实物，现在看到的陌刀外形是根据记载进行刻画的作品。史书中对陌刀有这样的一些描述："陌刀，长刀也，步兵所

第十二章 唐朝杂记

持，盖古之断马剑。"另有一些记载完善了人们对陌刀的认识，"貌魁雄，善用两刃刀，其长丈，名曰'陌刀'，一挥杀数人，前无坚对"，这便说明陌刀两面开刃，全长一丈左右，其挥砍敌人的威力无比巨大。同时记载陌刀还有刺、劈的功能。

由于大唐完善的节度使制度使得当时军队的装备、训练逐步走向正规化模式，陌刀也因此成为唐朝步兵的主要作战兵器之一，成为常规的军事武器。初唐时期数量巨大的骑兵是作战胜利的保证，而中期步军的陌刀如墙推进，创造了盛唐时期辉煌的战争历史，也创造了陌刀的不灭神话。这便是陌刀的发展史，足以见得陌刀在唐朝的重要地位。

如此威武霸气的宝刀，其造价自然相对较高，制作工艺也非常烦琐，而对"持刀人"的身体素质要求也高。这些刀手都是经过严格地层层挑选的壮士，威武有力。陌刀长一丈，肯定非常沉重，这样负重前行，若力量达不到，刀法不精锐，动作不熟练，反而会被此刀伤害。

其实因刀法闻名于天下的人可不少，唐朝有位名将叫作李嗣业，史书中记载："挡嗣业刀者，人马俱碎。"这短短几个字就将李将军的高超武艺与陌刀的神武完美结合。李将军在作战时往往直击敌人要害，足以致死，这位名将以擅长使用陌刀而彪炳史册。

杜甫有一句诗写得好："奇兵不在众，万马救中原。"这是杜甫在看到安西兵到关中拯救大唐于危难之中的情景下表达的感慨。杜甫高度地赞颂了远在千里之外的安西军队，他们英姿飒爽，将军人的灵魂驻扎在浩瀚的战场之中，展示出大唐军队的英勇、无私与无畏，这五千安西士兵的率领者就是大唐名将李嗣业。

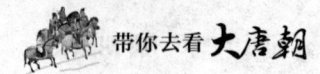

李嗣业是京兆高陵人，身长7尺，拥有极强的臂力和一身好武艺，使用十八般武艺屡建奇功，尤其在安史之乱的巨大动荡背景下，作为前驱者率领陌刀队如墙般前进，所向披靡，一手拽起了摇摇欲坠的大唐江山，可见此人十分了得。

天宝初年，李将军来到安西，在西域为大唐效力。由于陌刀最初是为了对抗突厥骑兵的，并且在战争中脱颖而出，再加上李将军的武艺高强，一举足以重击要害，这让他成为赫赫有名的陌刀将。天宝六年，李将军跟随高仙芝出征小勃律国，高仙芝当时是安西都知兵马使。在攻破吐蕃战役中，李将军身先士卒，再加上陌刀队的团队精神，一举获胜。接着大唐军队又奋力拿下了连云堡，然后直进小勃律国，一举俘虏了小勃律王和他的妻子吐蕃公主，夺回了克什米尔以西和以北的军事控制权，陌刀队之举，使得拂菻、大食等七十二国皆震慑于大唐威势，纷纷选择归附大唐。同时还有怛罗斯战役，李将军手持陌刀，率领陌刀队英勇搏攻击敌人，冲锋在前，使得敌人节节败退，最终稳定了大局。再就是安史之乱的爆发，皇太子李亨挺身而出，再加上李将军以及陌刀队的全力配合，以排山倒海之势冲击顽固的敌人，一举夺回长安，之后再与回纥合兵新店，又收复了东都洛阳，接二连三之举，使得李将军与陌刀队赢得了军心与民意。

与陌刀结缘的人还有一位，那就是裴行俭。在调露元年（679年），突厥阿史德温傅部发起反叛，于是皇帝任命裴行俭为定襄道行军大总管，其随军配有陌刀，前去征讨突厥。裴行俭下令备三百辆假粮车，每车埋伏五名壮士，而粮车四周只派些羸弱的士兵护粮，精锐的部队则埋伏在后方。

第十二章　唐朝杂记

果然突厥人前来抢粮，士兵故意丢下粮车向四处逃散，当敌人要搬运粮食时，埋伏的壮士由车中跳出，攻击突厥兵。这一次陌刀队使得对方全军覆没。

以上就是关于陌刀的传奇以及跟它所结缘的人们，正是因为将领的英勇和谋略，再加上陌刀的威力无比，使得唐朝在危机四伏的环境下又安然无恙了好长时间。

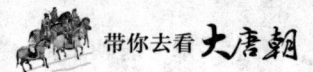

4. 一个真实的狄仁杰

提到狄仁杰，大家第一想到的肯定是电视剧中的形象。在剧中，狄仁杰侦破了很多大案、要案，推理能力与英国的福尔摩斯相比，完全不落下风。而他手底下的李元芳武功高强，帮助他抓获罪犯，立下了汗马功劳。

可是，历史上真实的狄仁杰到底是怎样的呢？先说外貌，狄仁杰到底长得什么模样呢？史书上对狄仁杰有过什么描述呢？其实，史书上并没有对狄仁杰有过多描述，只是提到他"倜傥"，也就是气质好。

狄仁杰曾在地方和朝廷担任司法官员，在职期间业绩突出。史书上只说他断案效率高，担任大理寺丞期间，一年断案一万七千八百起，平均每天就得断案四十多起。如果是推理破案，这绝对是不可能实现的事情。所以说，他的断案其实是看卷宗复审案件，并非现场侦破。他要做的是发现案件的漏洞，需要重审就重审，该结案就结案。

不过，一天断案四十多起可不是什么轻松活儿，能力必须到位。实际上，狄仁杰是一名工作狂，工作能力很强。他当时担任大理寺

第十二章 唐朝杂记

丞，主要负责审阅卷宗，复审案件，而且他确实推翻了大量冤假错案。

狄仁杰，字怀英，在贞观四年（630年）出生于现今太原的一个地方，祖父辈是官员。狄仁杰在26岁时通过科举考试，在汴州当判官。他满腔热情地工作，但不久就遭到了一次挫折，对他来说可谓沉重的打击。原来他被胥吏诬告了。以他刚正不阿的性格来看，估计是触碰了当时官场的潜规则。不过他还算是比较幸运的，他刚正不阿，把状告到了阎立本那里。阎立本是著名的画家，当时也是钦差大臣，正好在汴州考察。他弄清了事件真相，发现狄仁杰德才兼备，便推举他做了并州的都督府法曹。

狄仁杰有个和魏征相同的优点，那就是敢于直谏。这也和他刚正不阿的性格有关。一次，左卫大将军权善才和左监门卫中郎将范怀义不小心把昭陵中的柏树砍掉了，唐高宗大怒，下令立即处死他们。狄仁杰上前进谏，认为他们罪不该死，并说明了其中的理由。他说："按照唐律，他们两人的罪行不至于被杀头，如果陛下坚持要杀，法律就会失信于人，从而失效。现在陛下因为一株柏树杀了一个大将军，等以后人们记述历史时该如何评价陛下呢？如果我现在按照陛下的命令杀了他们，这才是陷陛下于不义啊！"

后来高宗觉得狄仁杰说的有道理，便采纳了狄仁杰的建议，而且还让史官记录了这件事情，以让自己流芳百世。因为狄仁杰的出色表现，唐高宗提拔他为侍御史。侍御史是一种监察官员，级别虽然不高，但这个官位对以后的仕途很有帮助，升迁速度比其他职位快得多。所以说，唐高宗虽然表面上对他实行平级调动，但实际上是将他

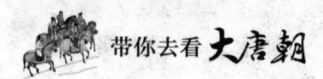

列为重点培养考察对象了。

皇帝对狄仁杰寄予了如此高的期望,其非常努力,没有辜负唐高宗,很好地履行了自己的职责。因为侍御史主要负责审理官员的案件,所以狄仁杰在任期间上奏章弹劾了两位唐高宗的宠臣和权臣,这可需要极大的勇气。在他弹劾期间,唐高宗还替他的宠臣求情,但狄仁杰并不买账,最终还是将宠臣拉下马。朝廷无不为这件事肃然起敬,可以说,一个从六品的官员,生生为大唐的官场整了一回风。当然,这也得益于唐高宗对他的这一行为是持支持和宽容态度的。

狄仁杰在影视剧中的背景都是武则天在位期间,在历史上,狄仁杰也确实在武则天在位期间任职,并且由于平叛契丹叛乱有功,还获赐紫袍、龟带,并且武则天还在紫袍上题了12个金字,表彰狄仁杰的忠诚。几年以后,狄仁杰随武则天巡幸三阳宫,文武百官皆同前往,但只有他被赐予宅邸,可见他在当时获得的恩宠没有人可以相比。就连狄仁杰死后,武则天都为他举行哀悼,废朝三日,还给他起了谥号,追赠他为文昌右相。

所以说,狄仁杰不仅是断案高手,也是铁面无私的正义之士。

5. 唐朝的忌讳

一提到忌讳，不管是古代还是现代，都是存在的，其中有精华也有糟粕，精华是值得学习的，而糟粕是需要改进甚至丢弃的，应当区别对待。唐代的忌讳也是一样，呈现出丰富复杂的情况。

唐代的忌讳从不同方面来看可分为两种：一种是人们生活习惯中的忌讳，另一种是文化交往即每个民族礼仪中语言文字方面的忌讳。

先来说一说生活习惯上的忌讳。人们日常生活中的忌讳是许多方面的。在婚姻方面，中国从周代便有相同姓氏不通婚的规定。《礼记》中曾写道："结婚娶妻是不可以娶相同姓氏的人的，娶妻应以厚礼来聘。如果纳妾，不知他的姓氏，则需要同卦来算一下卜。"这反映了古人禁止同姓人通婚的观念，实际是经过漫长的历史时期的婚姻实践总结出来的。用现代的观点来看，即是禁止近亲结婚，这对于子孙后代的健康是有很大好处的。在唐代也有法律进行约束，条例中有写到同姓相互结婚，即犯诛杀的罪过，同时认为在五服之内的同姓通婚，简直就像禽兽一样，应当判死罪。

唐高宗永徽元年（650年）时，出现过一个涉及近亲结婚的实际法

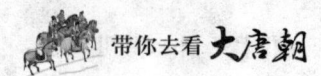

律问题，曾引起朝廷有关方面的一番争论。郑州人郑宣道娶了少府监主簿李玄义的妹妹为妻，但是这个人又是郑宣道的堂姨。李玄义刚开始未考虑这个关系便答应了，后来觉得于礼不合，便请求解除婚约，但郑宣道不同意，官司打到尚书省。尚书省有关部门的有关法律条文没有明确规定禁止，便判郑宣道成婚。但是御史大夫李乾祐把这件事上奏皇帝说："有的堂姑堂姨是一个家族的，虽然他们分开了但还是同一家族的，他们身体里流着相同的血液，动物都知道自己的母亲，怎么可以让自己母亲的妹妹嫁给自己当妻子？"经过一番讨论，皇帝下圣旨采纳了他的建议：和自己有血缘关系的姨、堂姨母，和姑舅家的姊妹，堂外甥不能进行联姻。可见只要有血缘关系，就禁止通婚。这无疑是正确的。

婚姻之外，在现实生活中还有许多忌讳。比如躺着吃饭、没事叹息、睡觉像尸体、在碗中插筷子、以父母发誓的都是不吉利的。还有关于失态不文明的：穿着衩衣出门迎客，不敲门直接就去客人家的，主人没请就先上厅坐，主人没动客人先拿筷子，骂人家奴婢，钻壁窥人家等一系列都是不吉利的。由此可见唐朝人很讲究言谈举止，这是社会文明进步的表现。

接下来说一说语言文字方面的忌讳。在古代出现最多，容易引起误解的则是语言文字方面的忌讳。如什么话能说，什么话不能说，面对什么人应当说什么话，写什么字。如果稍不注意，轻则惹人生气，重则还会耽误前程，更严重的甚至会被治罪。

在语言文字的忌讳方面，又可分为公讳和私讳两个方面。

所谓的公讳，也叫国讳。大体上就是有关国家的忌讳，即整个社

第十二章 唐朝杂记

会百姓都要规避的忌讳。这种忌讳主要来自皇帝家族的名字，主要是皇帝的名字。如唐高祖叫李渊、唐高祖的父亲叫李虎，唐太宗叫李世民，这样，"渊""虎""世民"便都是要忌讳的字，臣子在上奏章和其他一切文字材料中都不能用这几个字，百姓也不能用，如果用了，就是大不敬，轻了受处分，重了挨板子或蹲大牢。

当然，这一规矩由来已久，据说孔子的母亲名叫徵在，所以孔子从不说徵在，这是忌讳的基本常识。地名犯讳的，也要改名。如隋炀帝杨广立为太子后，凡是有"广"字的郡县一律改名，广福郡改为浉阳，广昌郡改为上谷，广长县改为修成等。正因为皇帝的名这样重要，如果用一个最普通最常用的字作名，麻烦就太大了。所以皇帝即位后往往改名，尽量用一些生僻的字，这样就避免了对百姓造成困扰。

所谓的私讳也叫"家讳"，即针对当事者本人的忌讳。唐代约定当事人以上三代的名字需要忌讳，即父、祖、曾祖需要忌讳。唐朝人的名片上都写上三代名讳，便有这种作用。这是当时稍有文化常识的人都知道的。这样人名就不仅仅是个人名的问题了，弄不好会影响后代的前途。如李贺的爷爷就是因为给儿子起个李晋肃的名，结果耽误了孙子考进士，虽然当时韩愈尽力为之辩驳，但李贺就是因为这一点被取消进士考试资格的。在给儿子起名时，要考虑孙子的前途、利益及社会交往的便利，在当时那个历史时期，不能不说是有深谋远虑的经验之谈。

在进士考试时，如果题目中有需要忌讳的字，则马上要以有病为由退出考场，这一年就算白费。学子的努力就因考题里的一个字而白费了，在当时这可以说是最不道德的陈规陋俗。任命官员时，也要注意新

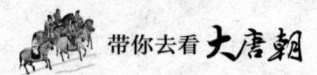

任官职中有无忌讳之字,如果有,被任命人要主动提出,看情况来决定。在古代社会生活中,如果不知避讳,在上层社会便无立足之地。但如果过了头,也会有人不满。

还有一个很过分的忌讳陋习,就是唐代参加考试的举子不但要避自己的家讳,也要避主考大人的私讳,就连举子的姓与主考的家讳同音都有麻烦。根据有关史料记载,崔殷梦在科举考试中担任考官时,吏部尚书归仁晦托他照顾自己的弟弟归仁泽。崔殷梦一再推延,不作明确答复。归仁晦想,自己是吏部尚书,而且与他的关系很好,就让他明确表态,崔殷梦见没有办法推托,便说出了自己的私讳,归仁晦这才明白是自己的姓触犯了崔的家讳。原来,崔殷梦的父亲叫崔仁龟,归又与龟同音,所以崔殷梦当主考,凡是姓"归"的举子都不能考中。归仁晦也明白这个道理,总不能因为推荐自己的弟弟中举而让人家辞官吧,所以归仁晦便作罢了。当然,这在现代人看来是毫无道理的陈规陋习。

6. 唐朝的圣旨

在现代看古装电视剧时，经常会听到这样一句话："奉天承运，皇帝诏曰。"说了一大堆，最后是两个字——"钦此"。毫无疑问，这是古代帝王们颁发的"圣旨"。可是唐朝时期的圣旨可不是这个样子的，那它究竟是什么样子的呢？

提起圣旨，它是指中国处于封建社会时皇帝下发的命令或者发表的言论，代表了古代帝王们的权力。所颁发的圣旨颜色越丰富，则说明接受封赠的官员官衔越高。圣旨的轴柄质地也是根据官员的品级不同而存在严格的差别，一品官员接收的圣旨为玉轴、二品官员的为黑犀牛角轴、三品官员的为贴金轴、四品和五品官员的为黑牛角轴。

圣旨代表的是皇帝的权威，所以坚决不能出现仿冒的情况，因为涉及权力斗争和腐败政治的因素。为了防伪，圣旨的两端有翻飞的银色巨龙作为防伪标志，还有些圣旨有另一个防伪绝招，绢布上印满了祥云图案，而且这些圣旨开头的第一个字必须要写在右上角第一朵祥云上。可见先人们在辨别假冒伪劣物品方面有着很深的远见。

圣旨的制作材料也同样考究，它们均为上好的蚕丝制成的绫锦织

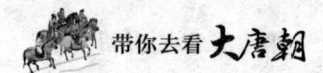

品，其中的图案多为祥云瑞鹤，光彩照人。因为它们可是作为历代帝王下达的文书命令及封赠有功官员或者赐给爵位名号颁发的诰命或敕命。

唐朝的"圣旨"其实更多被称为"敕旨"，大致上可以分为三类，第一类是立皇后立太子、封亲王和三品以上大官的称为"册书"，这种是写在竹简上的，是那种很有范儿的仿古风竹简。第二类被称为"制书"，它是用来颁行赏罚、授予大官爵、改革重大的旧制度、赦免战俘等的，这种圣旨则是写在绢黄纸上的，这种纸不会生蛀虫，可以安心保存。第三类被称为"慰劳制书"，这种是颁发给大臣们的表扬信与奖状，它也应该是写在不生小蛀虫的绢黄纸上的。这三类敕旨的内容与格式都大同小异，所以可以统称为"制书式敕旨"。如果皇帝想落实自己的想法，他便会下发命令到中书省，中书省内的官员会揣度皇帝心意，去草拟公文，而这个公文按照不同的规则与制度写好后要派送到门下省去审查。所以这些公文开头都是门下，后面则直接说出政务内容，最后署上起草文件的日期，最后把文件送给皇帝过目。

在皇帝过目后，会提笔蘸朱砂把日期填好，作为阅览凭证，这便称为"画日"，随后再发回中书省，中书省内的官员们会按照发回文书照抄一份，原件则存档保留，再将抄好的文件按照官位等级依次签名，完事之后派发到门下省去审核，一致通过后，也同样按照等级签名，再发给皇帝。

若皇帝同意后，便会提笔写一个"可"字，这个步骤叫"画可"，再发回门下省。当他们再次接收到公文时，要先在上面注明收文时间和承办单位，然后从尚书省最高官员到具体办事员，一一签名

第十二章 唐朝杂记

后,具体办事官员会去向接收人宣读。

最后,负责抄写这份制书并存档的几个低级办事员,也要签名并注明抄写与存档时间,这样流程才算是走完了,步骤十分复杂,还有重要的一点,那就是签名一定要按照等级,若宫位欠缺或者出差在外或者休假,格式也不能改变。

以上是处理重大的事务的圣旨,处理琐碎之事的敕旨,大部分是写在黄麻纸上,程序简单,内容丰富。宰相们商议后,上奏状于皇帝,然后结束。以上说的这两种圣旨都是需要皇帝亲笔签字才可以下发办理的,但敕书里还有一小类叫"敕牒"。它用来处理大量的、有前例可循的琐碎政务之事,这种就不需要皇帝亲笔签名,而由宰相附上一句"此事我们已经告知皇帝,他同意我们的意见",便结束了。

综上所述,唐朝时期的圣旨有册书、制书、慰劳制书、敕旨、敕牒等形式,每种形式语言组织、落款单位还有承接部门官职是不同的。

旨中的那个红色的印章有没有什么特殊的规定呢?对于诏书的不同皇帝其实是拥有六种不同的玉玺所对应的,它们分别为皇帝行玺、皇帝之玺、皇帝信玺、天子行玺、天子之玺与天子信玺。

凡封命诸侯王及各位官员就使用皇帝行玺,对于赐诸侯王书使用皇帝之玺,关于派发兵队使用皇帝信玺,而征召大臣则用天子行玺,天子之玺则是处理外国事务,而最后的天子信玺则是事天地鬼神时所用。